MICHAEL ROSCHER

Die Waage Persönlichkeit

Charakter, Schicksal und Chancen.
Mit Mondpositionen
und Aszendentenbestimmung

D1829492

ARKANA
GOLDMANN

Umwelthinweis:
Alle bedruckten Materialien dieses Taschenbuches sind chlorfrei und umweltschonend.

Originalausgabe Januar 1999
© 1999 Wilhelm Goldmann Verlag, München
in der Verlagsgruppe Random House GmbH
Umschlaggestaltung: Design Team München
Umschlagabbildung: AKG, Berlin
Verlagsnummer 21510
Realisation und Gesamtbetreuung:
Christine Proske, Ariadne Buchkonzeption, München
Redaktion: Ralf Lay
Grafik: D.T.P. Factory, Susanne Bertenbreiter, München
Herstellung: H+G Lidl, München
Satz: Fotosatz Völkl, Puchheim
Druck: Elsnerdruck, Berlin
Made in Germany
ISBN 3-442-21510-2
www.goldmann-verlag.de
2. Auflage

Inhalt

ANHANG

Vorwort

Bücher zu den »Stern«- oder Tierkreiszeichen gibt es scheinbar wie Sand am Meer. Welchen Sinn macht es da, erneut darüber zu schreiben; ist nicht alles schon Dutzende Male geschrieben worden, was es zu diesem Thema mitzuteilen gibt? Ich glaube, nicht. Denn wer sich ein wenig näher mit dem Thema Astrologie beschäftigt hat, kann zwei sehr unterschiedliche Bereiche ausmachen: Astrologie als Unterhaltung und Zeitvertreib, wie wir sie zum Beispiel auf Zuckerstückchenpapier und auf der Horoskopseite nahezu jeder Illustrierten finden, und die ernsthafte Astrologie, deren Studium viele Jahre beansprucht. Auch wenn die Astrologie einmal die Königin der Wissenschaften war, die an jeder renommierten Universität gelehrt wurde, so wird sie doch heute von den meisten mit der Unterhaltungsastrologie verwechselt; und nur die wenigsten wissen, wie umfangreich, komplex und faszinierend die »richtige« Astrologie ist.

Diese Buchreihe versucht einen dritten Weg zu gehen, indem die ernsthafte und die Unterhaltungsastrologie zusammengeführt werden. Das, was sich mit den Methoden anspruchsvoller Astrologie über die Tierkreiszeichen sagen läßt, habe ich in diesen Bändchen darzustellen versucht. Gerade weil auch die Mondzeichen und die Bedeutungen der Geburtstage mit einbezogen wurden, konnten Aussagen gemacht werden, die sicherlich um einiges genauer und zutreffender sind, als dies in einem »normalen« Buch über Tierkreiszeichen möglich wäre. Gleichzeitig sollte jedoch auch der unterhaltende Aspekt nicht zu kurz kommen, schließlich lähmt kaum etwas mehr das Interesse und die Neugier als trockener Lesestoff. Das Ziel war eine Lektüre, die seriöses astrologisches Wissen über uns selbst, über unsere Stärken und Schwächen vermittelt. Das Lesen sollte Spaß machen, und die Aussagen sollten so treffend sein, wie es in diesem Rahmen eben möglich ist. Wer auf den Geschmack kommt und noch mehr über sich und sein Horoskop erfahren möchte, findet zu diesem Thema Tips und Hinweise am Ende des Buches.

Ich möchte mich an dieser Stelle bei meiner Lebensgefährtin, der Astrologin und Buchautorin Brigitte Hamann, bedanken, die einen wesentlichen Anteil am Zustandekommen dieser Reihe hatte. Sie hat die Illustrationen und Zitate ausgesucht sowie die Märchen ausgewählt, bearbeitet und kommentiert, und einige Abschnitte entstammen – in leicht überarbeiteter Form – ihrem Buch *Die zwölf Archetypen.*

Michael Roscher,
im Herbst 1998

Kontaktadresse des Autors:

Michael Roscher
Schule für Transpersonale Astrologie ®
Postfach 31 02 01
D-90202 Nürnberg

Einleitung: Wie die Gestirne unser Schicksal beeinflussen

Die Astrologie ist trotz aller Anfeindungen ein fester Bestandteil unserer Kultur, unseres Fühlens und Denkens geblieben. Das Interesse an diesem seit Jahrtausenden genährten Wissensschatz nimmt sogar immer mehr zu. Es hofft zum Beispiel jeder, »unter einem guten Stern geboren zu sein«, unabhängig davon, ob wir an Astrologie glauben oder nicht. Und so wird das Geburtsdatum eines Menschen nach wie vor mit dem Sternsymbol * dargestellt.

Wochentage

Die sieben Wochentage und ihre Namen werden von den sieben »klassischen« Planeten unseres Sonnensystems abgeleitet: der Sonntag von der Sonne, der Montag vom Mond, der Dienstag vom germanischen Kriegsgott Tiu (Týr), der dem Mars entspricht. Der Mittwoch heißt im Französischen *Mercredi,* also »Merkurtag«. Der Donnerstag (im Englischen *Thursday*) geht auf den germanischen Gott Thor zurück, der wiederum mit Jupiter vergleichbar ist. Der Freitag leitet sich von der Göttin Freyja ab, der germanischen Entsprechung der Venus. Der Samstag, mit dem die Woche vollendet wird, ist dem Saturn zugeordnet.

Das Wort »Desaster« (Unglück) kommt vom italienischen *disastro,* was »Unstern« bedeutet. Jemand, der einen starken Mars hat, wirkt auf andere martialisch, das heißt »kriegerisch, bedrohlich«; im Englischen nennt man die Kampfkünste *martial arts.* Unsere Stimmun-

Die Planetensymbole

Sonne	Mond	Merkur	Venus	Mars
☉	☽	☿	♀	♂
Jupiter	**Saturn**	**Uranus**	**Neptun**	**Pluto**
♃	♄	⛢	♆	♇

gen werden durch den Mond beeinflußt, was sich sprachlich in dem Wort »Laune« (lateinisch *luna* = »Mond«) widerspiegelt. Und wie der Mond sein Aussehen beständig verändert, so wechseln auch unsere Gefühle.

Es ließen sich noch viele Beispiele aufführen, doch soll dies hier genügen, um zu zeigen, wie sehr uns die Astrologie in Fleisch und Blut übergegangen ist, ohne daß uns dies normalerweise bewußt wird.

Charakteranlagen und Schicksal

Daß sich über die Planetenstände bei der Geburt Charakteranlagen, Schicksal und Chancen ermitteln lassen, ist längst bewiesen, auch wenn die Gegner der Astrologie dies nicht wahrhaben wollen.

Früher meinte man, von den Gestirnen gingen Strahlungen aus, die uns im Augenblick der Geburt lebenslang prägen. Manche Forscher versuchen immer noch, die Stimmigkeit der Astrologie auf diese Weise zu erklären. Der Ansatz ist sicherlich nicht völlig falsch. Allein der Mond verursacht mit seiner Anziehungskraft Ebbe und Flut und hat, wie man inzwischen weiß, auch einen deutlichen Einfluß auf das Wetter. Wenn der Mond die Weltmeere zu bewegen vermag, dann ist es auch einleuchtend, daß er den Menschen beeinflußt, dessen

Der chaldäische Stern

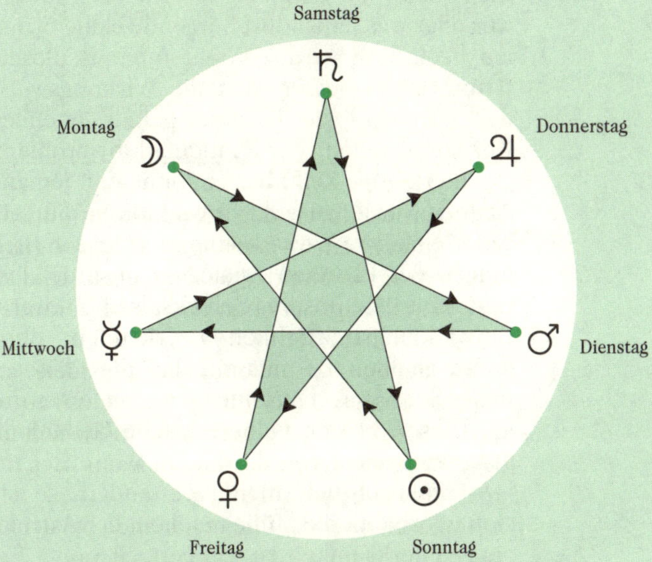

Die Darstellung der sieben klassischen Planeten als Tagesregenten kreisförmig in einem siebeneckigen Stern wird »chaldäischer Stern« genannt. Beginnt man beim Mond entgegen dem Uhrzeigersinn zu zählen, ergibt sich die Reihenfolge: *Mond, Merkur, Venus, Sonne, Mars, Jupiter, Saturn.* Dies gibt die Umlaufgeschwindigkeit der Himmelskörper um die Erde wieder. Der Mond bewegt sich, von der Erde aus gesehen, am schnellsten, der Saturn am langsamsten. Folgt man hingegen den Pfeilen des Sterns, entsteht die Reihenfolge: *Mond, Mars, Merkur, Jupiter, Venus, Saturn, Sonne,* was unseren Wochentagen entspricht.

Körper ja auch zum größten Teil aus Wasser besteht.

Die Astrologie funktioniert jedoch auch sicher bei der Ermittlung günstiger Daten für

Ermittlung günstiger Daten

Firmengründungen, Vertragsunterzeichnungen, Eheschließungen und dergleichen mehr. Hier fragt man sich dann in der Tat verwundert, wer oder was dabei durch irgendwelche Strahlen beeinflußt wird ... Nicht nur aus diesem Grund ist es besser, sich die Wirkungsweise der Astrologie wie die einer genau gehenden Uhr vorzustellen: Wir können an ihr problemlos die richtige Zeit ablesen, ohne daß jemand glauben würde, unsere Uhr beeinflusse die Zeit. Auf die gleiche Weise können wir in den Stellungen der Planeten Analogien unserer Charakteranlagen, unseres Schicksals und unserer Entwicklungsmöglichkeiten erkennen, ohne daran glauben zu müssen, daß die Planeten unser Schicksal *bestimmen* – sie *zeigen* es nur an. Dieser an sich völlig einfache Gedankengang wird selbst von führenden Wissenschaftlern offensichtlich nicht verstanden, so sie sich überhaupt die Mühe machen, der Astrologie Aufmerksamkeit zu widmen.

Keine Ersatzreligion

Ähnlich verhält es sich mit zahlreichen gläubigen Menschen, die fälschlicherweise annehmen, die Astrologie wäre eine »Ersatzreligion«, die uns ein unausweichliches Schicksal predige und an die Stelle des Gottesglaubens den an die Sterne setze. Nichts könnte falscher sein; denn ein vernünftiger Mensch wird die Psychologie nicht verdächtigen, Religion sein zu wollen, und Astrologie ist nichts anderes als das in Jahrtausenden gereifte psychologische Wissen der Menschheit – ein Erkenntnisprozeß, der begann, lange bevor es das Wort »Psychologie« überhaupt gab.

Einer der Grundlehrsätze der Astrologie lautet: »Der Weise beherrscht die Sterne.« Das heißt, die Astrologie strebt nicht an, dem Menschen ein angeblich unausweichliches Schicksal aufzudrängen, sondern sie will und kann echte Lebenshilfe sein, indem sie uns lehrt, uns selbst und unsere Mitmenschen besser zu verstehen.

Echte Lebenshilfe

Wenn wir beginnen, unser eigenes Wesen besser zu begreifen, werden natürlich auch Schwächen und der eine oder andere weniger erfreuliche Wesenszug sichtbar. Dies ist jedoch kein Grund, sich zu ärgern oder gar zu verzagen, sondern vielmehr die große Chance, das Beste aus unseren Möglichkeiten zu machen, die Schwierigkeiten, die wir mit uns und unseren Mitmenschen haben, zu meistern sowie dadurch zu wachsen.

Die Richtigkeit dieser Annahme wird uns indirekt auch bestätigt, wenn wir uns manche Menschen anschauen, die in ihrem Horoskop die umgekehrten Voraussetzungen aufweisen – sie sind besonders begabt, in ihrem Leben bieten sich außergewöhnliche Möglichkeiten, und sie machen dennoch nichts daraus. Das beste Horoskop nützt also wenig, wenn wir nicht unsere Fähigkeiten erkennen und uns um ihre Entwicklung bemühen: Die Welt ist voll von begnadeten musikalischen Talenten, die niemals die Ausdauer aufbrachten, ein Instrument richtig spielen zu lernen. Ein Künstler mit eher mäßiger Begabung und dem Willen, seine Möglichkeiten voll auszuschöpfen, kann dagegen bereits Außergewöhnliches erreichen, und der Erfolg ist schier unaufhaltbar, wenn die konsequente Entwicklung unserer Fähigkeiten mit einer besonderen Begabung zusammentreffen.

Wille zur Entwicklung

Dieses Buch möchte Sie dabei unterstützen, sich selbst und Ihre Mitmenschen besser zu verstehen. Wenn wir Verständnis füreinander in Handeln umsetzen, ist es nahezu unvermeidlich, daß wir erfolgreicher und effektiver werden, vor allem aber, daß wir ein zufriedeneres und erfüllteres Leben führen.

Die Tierkreiszeichen und das Horoskop

In der Umgangssprache hat sich der Begriff »Sternzeichen« eingebürgert, wenn eigentlich von Tierkreiszeichen die Rede ist. Es gibt die Sternbilder am Himmel und die Tierkreiszeichen; irgendwann einmal entstand der etwas unglückliche Begriff von den »Sternzeichen«.

»Sternzeichen«

Die Sternbilder, die sich auf der Sonnenbahn befinden und den gleichen Namen wie die Tierkreiszeichen tragen, haben mit letzteren jedoch überhaupt nichts zu tun. Ihre Position verändert sich jedes Jahr ein wenig, und so kommt es, daß die Sonne am 21. März (oder einem beliebigen anderen Datum) an einer völlig anderen Stelle aufgeht, als dies etwa vor 2000 Jahren der Fall war.

Diese Namensgleichheit hatte unglückliche Folgen, werden Sternbilder und Tierkreiszeichen doch heute noch von vielen miteinander verwechselt oder gar gleichgesetzt. Das führt sogar so weit, daß vor allem Astronomen, die gern gegen die Astrologie wettern, behaupten, die Astrologen würden ihre Horoskope falsch berechnen. Diese ständige Verwechslung zeigt unter anderem, wie wenig sich die Gegner der Astrologie mit dem Thema überhaupt beschäftigt haben.

Die meisten Menschen wissen, ob sie ein Stier, ein Krebs oder ein Fisch sind, jeder kennt sein »Sternzeichen«. Wie diese Zuordnung zustande kommt, wissen dagegen nur wenige; dabei ist es einfach, die Grundlagen der Astrologie zu verstehen: Die Erde beschreibt im Laufe eines Jahres einen (näherungsweisen) Kreis um die Sonne. Von der Erde aus gesehen, ist diese auch »Ekliptik« genannte Umlaufbahn jedoch der Weg, den die Sonne innerhalb des Jahres scheinbar am Himmel zurücklegt; das heißt, die Sonne steht nach zirka 365 Tagen wieder an dem Himmelspunkt, von dem aus sie »ihre« Wanderung begann. Unterteilt man die Ekliptik in zwölf gleich große Abschnitte, ergibt sich die Aufgliederung des Tierkreises (Zodiakus) in zwölf Zeichen. Unser »Sternzeichen« ist nun nichts anderes als das Tierkreiszeichen, in dem die Sonne zum Zeitpunkt unserer Geburt stand. Wer beispielsweise ein Löwe ist, bei dem befand sich die Sonne im Zeichen des Löwen (120 bis 150 Grad im Tierkreis), als er zur Welt kam. Allerdings beginnt das astrologische Jahr nicht am 1. Januar, sondern am 21. März, exakt am Frühlingsanfang. Das astrologische Jahr ist übrigens mit dem astronomischen identisch.

Stand der Sonne

Astrologisches Jahr

Der Tierkreis beginnt mit dem Zeichen Widder, deshalb ist jeder, der zwischen dem 20./21. März und dem 19. bis 21. April geboren wurde, Widder. Auf den Widder folgt der Stier, daher dürfen sich alle, die zwischen dem 19. bis

Die Symbole der Tierkreiszeichen

Widder	Stier	Zwillinge	Krebs	Löwe	Jungfrau
♈	♉	♊	♋	♌	♍
Waage	**Skorpion**	**Schütze**	**Steinbock**	**Wassermann**	**Fische**
♎	♏	♐	♑	♒	♓

Sternbilder und Tierkreiszeichen

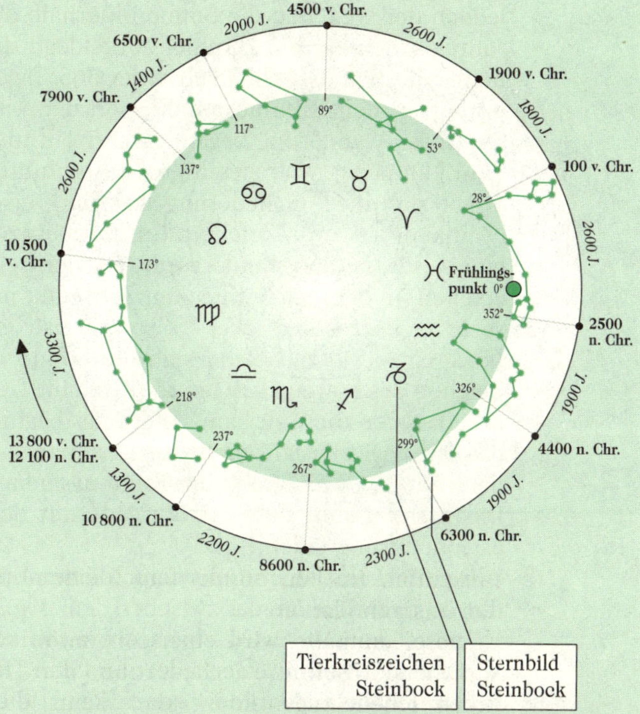

Im Außenkreis sind die *Sternbilder* dargestellt, im Innenkreis die *Tierkreiszeichen*. Außer der Namensgleichheit haben beide nichts miteinander zu tun.

21. April und dem 20. bis 22. Mai geboren wurden, »Stier« nennen – und so fort. Von der Erde aus gesehen, umkreist die Sonne aber nicht

Das geozentrische Weltbild

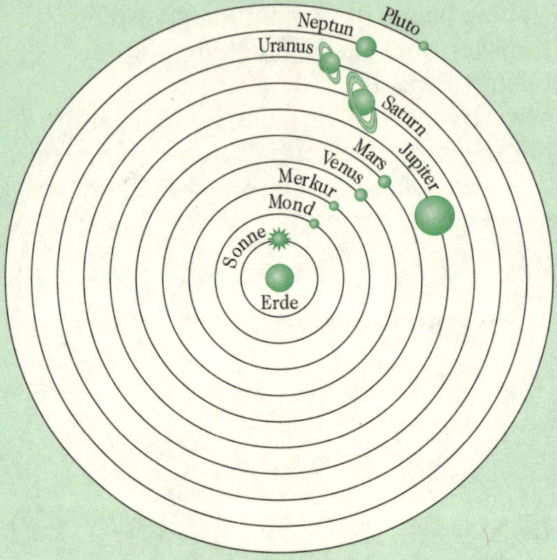

nur einmal im Jahr, sondern auch einmal pro Tag unseren Planeten.

Diese Laufbahn wird ebenso in zwölf verschiedene Abschnitte gegliedert und den Tierkreiszeichen zugeordnet. Man kann diese Vorgänge mit einer Uhr vergleichen. Die eine Umdrehung entspräche dann dem Minuten-, die andere dem Stundenzeiger.

Horoskop-erstellung

Will man nun ein Horoskop erstellen, trägt man zunächst das Sonnen-Symbol an der Stelle im Horoskopformular ein, an der das Tierkreiszeichen steht, unter dem man geboren ist, zum Beispiel Waage (siehe Abbildung »Die Sonne in der Waage«).

Für ein Horoskop werden jedoch noch die übrigen Planeten unseres Sonnensystems gebraucht, zu denen in der Astrologie auch der Mond ☽ gehört (siehe die Abbildung »Beispiel für ein Horoskop mit allen Planeten« auf der nächsten Seite).

Ebenso wie jeder von uns ein Sonnenzeichen hat, besitzt er auch ein Mondzeichen. Dieses ist für die Deutung der Persönlichkeit mindestens genauso wichtig wie das Zeichen

Mondzeichen

Die Sonne in der Waage

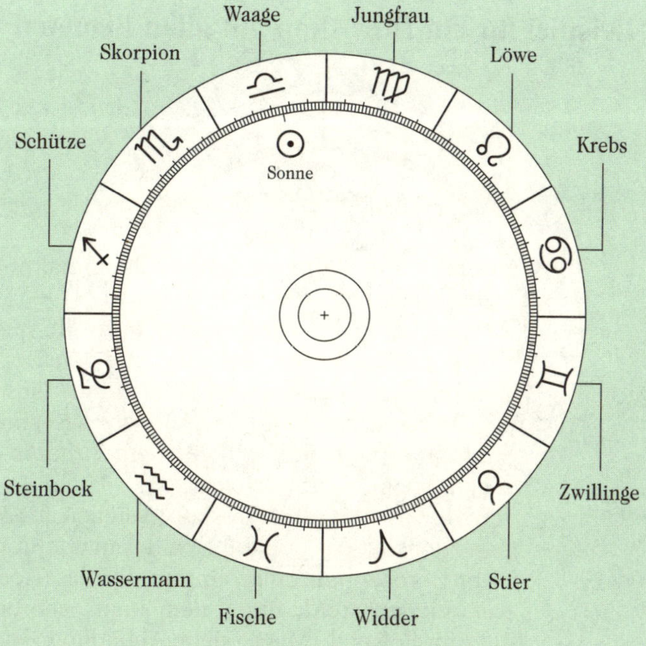

der Sonne. Die Sonnenzeichen sind wahrscheinlich nur deshalb bekannter, weil sie sich ganz leicht über das Geburtsdatum feststellen lassen.

Geburtsjahr

Das ist beim Mond nicht so einfach. Denn hier benötigen wir neben dem Geburtstag noch die Zuordnung zum Geburtsjahr. Da wir für Ihre Charakter- und Schicksalsanalyse jedoch auch das Mondzeichen verwenden wollen, finden Sie im Anhang eine Tabelle, mit der Sie leicht die Zeichenstellung des Mondes zum Zeitpunkt Ihrer Geburt bestimmen können.

Beispiel für ein Horoskop mit allen Planeten

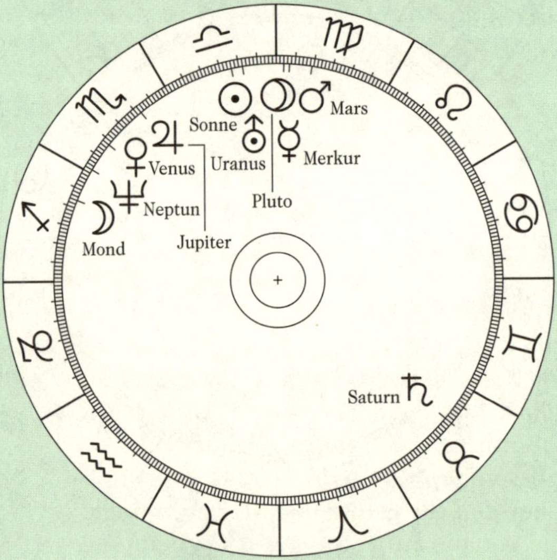

Die Häuser im Horoskop

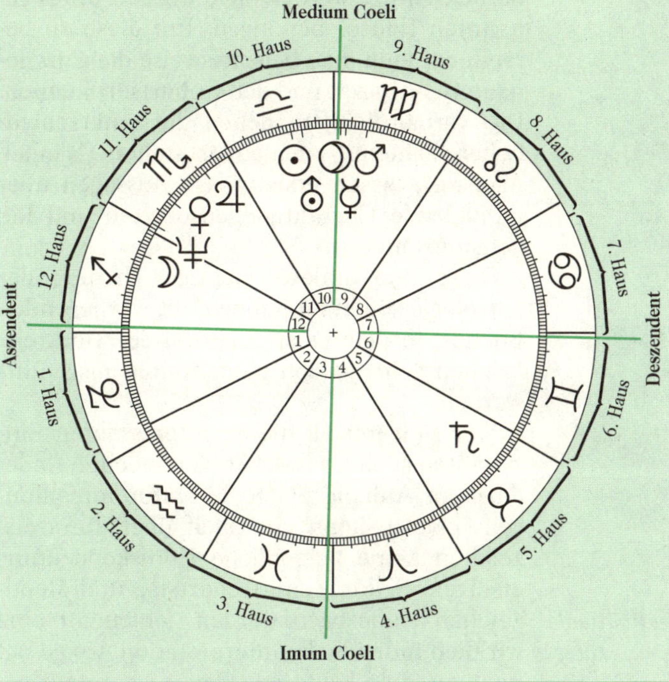

Eine ausschlaggebende Rolle innerhalb des Horoskops spielt der Aszendent. Dieser wird durch das Tierkreiszeichen bestimmt, das im Augenblick der Geburt über den Osthorizont tritt (lateinisch *ascendere* = »aufsteigen«). Dazu müssen Sie wissen, an welchem Ort und zu welcher Zeit Sie geboren sind. Eine Tabelle und eine genaue Anweisung zur Berechnung Ihres Aszendenten finden Sie im Anhang dieses Buches. *Aszendent*

Für ein vollständiges Horoskop müßten allerdings noch mehrere andere wichtige Faktoren berücksichtigt werden. Wir würden die sogenannten Häuser benötigen. Um diese zu berechnen, muß man beispielsweise die ganz genaue Geburtszeit und den Geburtsort kennen. Die Verhältnisse, in denen die unterschiedlichen Planeten zueinander stehen (Winkel, Aspekte), lassen erst präzise Aussagen über individuelle Charaktereigenschaften und Lebensumstände zu.

Diese und andere wichtige Themen der Astrologie sollen im Rahmen des vorliegenden Buches, in dem es speziell um ein Tierkreiszeichen geht, jedoch nicht weiter ausgeführt werden.

Individuelle Interpretation

Wer sich mit all diesen interessanten Einzelheiten genauer beschäftigen möchte, findet dazu im Anhang einige Literaturempfehlungen. Ebenso kann ein Buch über Tierkreiszeichen keine persönliche Horoskopdeutung ersetzen. Selbst wenn Geburtstag und Mondzeichen einbezogen werden, fehlen für eine wirklich individuelle Interpretation wie gesagt noch zu viele Faktoren. Wer es aber ganz genau wissen möchte und ein exakt auf sich berechnetes und gedeutetes Horoskop wünscht, kann bei uns hierzu kostenlos und unverbindlich weiteres Informationsmaterial anfordern. Die Adresse finden Sie ebenfalls am Ende dieses Buches.

Doch lassen Sie uns nun erkunden, was eine »typische Waage« ausmacht. Beginnen wir damit, uns einmal anzuschauen, welch unterschiedlichen prominenten Menschen dieses Tierkreiszeichen gemeinsam ist.

Die Tierkreiskarte Waage des Malers Johfra

Chuck Berry

Mahatma Gandhi

Bekannte Waage-Persönlichkeiten

Alfredo Agnesei, Sportler
Julie Andrews, Sängerin und Schauspielerin
Brigitte Bardot, Schauspielerin
Willy Beckerath, Maler
Constance Bennett, Schauspielerin
Silvio Berlusconi, Medienmogul und Politiker
Chuck Berry, Popstar
Annie Besant, Theosophin
Georg Büchner, Dramatiker
Art Buchwald, Journalist und Schriftsteller
Ottavio Bugatti, Sportler
Carlo Campanini, Schauspieler
Truman Capote, Schriftsteller
Jimmy Carter, Politiker
Charles, Prinz von Belgien
Richard Cromwell, Politiker
Aleister Crowley, Okkultist und Sektengründer
Cathérine Deneuve, Schauspielerin
Farah Diba, Kaiserin von Persien
Hoimar von Ditfurth, Mediziner und Wissenschaftsjournalist
Engelbert Dollfuß, Politiker
Michael Douglas, Schauspieler und Produzent
Alfred Dreyfus, Offizier
Dwight D. Eisenhower, General und Politiker
John Entwhistle, Popstar
Mahatma Gandhi, Unabhängigkeitskämpfer und Politiker
John Gardner, Politiker

Hans Geisler, Astrologe
Bob Geldof, Popstar
George Gershwin, Komponist, Pianist und Dirigent
Alberto Giacometti, Bildhauer und Maler
Václav Havel, Politiker, Schriftsteller
Rita Hayworth, Schauspielerin
Martin Heidegger, Philosoph
Thor Heyerdahl, Ethnologe und Altertumsforscher
Paul Hindenburg, Generalfeldmarschall und Politiker
Gabi Hoffmann, Sensitive
Jesse Jackson, Politiker
Marc Jones, Astrologe und Okkultist
Udo Jürgens, Musiker
Joseph Kennedy, Politiker
Wilhelm Knappich, Astrologe
Evel Knievel, Sportler und Stuntman
Adolph Freiherr von Knigge, Schriftsteller
Karl Körner, Schriftsteller
Ernst Kretschmer, Psychiater und Konstitutionsforscher
John Lennon, Popstar
Groucho Marx, Schauspieler
Klaus Mehnert, Politologe und Publizist
Ulrike Meinhof, Journalistin und Terroristin
Yves Montand, Schauspieler
Roger Moore, Schauspieler
Olivia Newton-John, Popstar und Schauspielerin
Friedrich Nietzsche, Philosoph
Carl von Ossietzky, Journalist

Václav Havel

John Lennon

Luis Trenker

Lee Harvin Oswald, Kennedy-Attentäter
Luciano Pavarotti, Sänger
Pelé (E. A. do Nascimento), Fußballspieler
Jean-Luc Ponty, Musiker
Helmut Qualtinger, Schauspieler
Walther Rathenau, Politiker und Industrieller
Arthur Rimbaud, Dichter
Romy Schneider, Schauspielerin
Kurt Schumacher, Politiker
Paul Simon, Popstar
Bruce Springsteen, Popstar
Gerhard Stoltenberg, Politiker
Margaret Thatcher, Politikerin
Luis Trenker, Schauspieler, Regisseur und Dichter
James »Midge« Ure, Popstar
Andreas Vollenweider, Musiker
Günter Wallraff, Schriftsteller
Oscar Wilde, Schriftsteller

Die Waage – Daten und Symbole

22., 23. oder 24. September bis
23. oder 24. Oktober

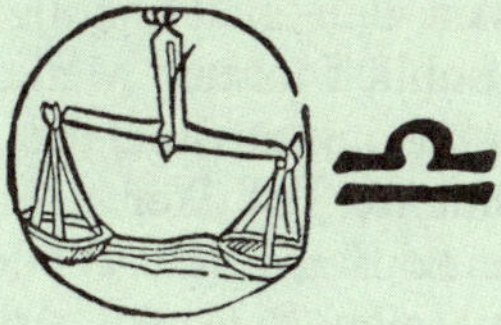

Qualität: männlich-aktiv, Yang
Element: Luft
3. kardinales Zeichen
Herrscherin: Venus ♀

Unterschiedliche Anfangstage

Die Waage ist das siebte Tierkreiszeichen. Dessen Beginn variiert von Jahr zu Jahr etwas und kann auf den 22., 23. oder 24. September fallen. Jeder, der an einem dieser Tage geboren wurde und nicht weiß, ob er noch Jungfrau oder schon Waage ist, kann dies der Tabelle »Von wann bis wann ist man eine Waage« im Anhang entnehmen. Ebenso gibt es Überschneidungen am Ende des Zeitraums. In der Tabelle können Sie auch erkennen, ob Sie noch eine Waage oder schon Skorpion sind. Im Zweifelsfalle muß die genaue Uhrzeit der Geburt bekannt sein. Diese ist am Standesamt des Geburtsortes niedergelegt und wird auf schriftliche Anfrage in aller Regel problemlos mitgeteilt.

Herbst

Der Beginn des Tierkreiszeichens Waage ist auf die Sekunde genau identisch mit dem (astronomischen) Herbstanfang, der zweiten Tagundnachtgleichen des Jahres. Allein dieser Umstand beweist schon, daß sich, wie am Anfang des Buches beschrieben, die Tierkreiszeichen aus dem Jahreslauf der Sonne herleiten und nicht von den gleichnamigen Sternbildern, wie fälschlich immer wieder von Astrologiegegnern behauptet wird.

Das Symbol für die Waage läßt sich unschwer als eine Balkenwaage deuten. In der Tat hat das Zeichen ja mit Ausgleich und Gleichgewicht zu tun, sind doch an seinem Anfang Tag und Nacht exakt gleich lang und damit in der Balance. Außerdem markiert der Anfang dieses Zeichens präzise die Mitte des astronomischen Jahres, das ja mit dem Widder um den 20. März beginnt.

In einer tieferen Deutung läßt sich der obere Teil dieses Zeichens als Symbol für den Tag auffassen, da eine auf- oder untergehende Sonne dargestellt wird, während der untere Teil eben eine »fehlende Sonne« und damit die Nacht repräsentiert. Ähnlich wie beim Yin-und-Yang-Symbol sind also Tag und Nacht, hell und dunkel, erste und zweite Jahreshälfte in einem Sinnbild vereint.

Doch auch die Waage als Werkzeug wurde zu einem der ältesten Symbole für Gerechtigkeit. Man denke nur an den Erzengel Michael oder die Göttin Maat in der ägyptischen Mythologie, die nach dem Tod die Seelen wiegen, um zu entscheiden, wer ins Paradies kommt und wer nicht. Damit in Zusammenhang steht sicher auch die auf eine Bibelstelle (Daniel

5, 27) zurückgehende Redensart »Gewogen und zu leicht befunden«. Ebenso hält Justitia, die Göttin der Gerechtigkeit, bekanntlich eine Waage in der Hand, um das Für und Wider der Schuld unparteiisch »abzuwägen«.

Der Waage ist (gemeinsam mit dem Stier) der Freitag zugeordnet, da sich der Name »Freitag« von Freyja, der »germanischen Venus«, herleitet, die diese Zeichen beherrscht. *Freyja* Die Zeit des Stiers, also zum größten Teil der Monat Mai, und die Waage-Zeit – der Oktober – sind traditionell die Zeiten der Volksfeste. Kirmes, Tanz um den Maibaum und andere Vergnüglichkeiten machen deutlich, daß die Härte des Winters endgültig vorbei ist. Alles ist ergrünt, die Pflanzen stehen im Saft, und das Vieh wird wieder auf die Weide getrieben. Für viele Tiere beginnt nun die Paarungszeit, und auch die Dorffeste dienten früher nicht zuletzt dem Zweck, daß die Jugendlichen die Möglichkeit bekamen, einander näherzukommen.

In der Waage-Zeit gibt es Weinfeste, Kirmessen und Kirchweihen. Sie haben ihren Ursprung darin, daß man sich nach der Mühe des Arbeitsjahres (wenn die Ernte eingebracht war) eine Zeit der Muße und des Feierns gönnte, bevor dann der

Winter kam. So habe beide von der Venus beherrschten Zeichen unter anderem auch einen starken Bezug zu Sinnenfreude, Geselligkeit und der Annäherung der Geschlechter (»Wein, Weib und Gesang«).

Der Übergang vom Sommer zum Herbst läßt die Natur farbenfroh und harmonischer denn je erscheinen. Das Herbstlaub leuchtet in allen Farben, Sommer- und Herbstblumen blühen um die Wette. Aus diesem Grund symbolisiert die Waage ebenfalls Schönheit, Ästhetik und damit nicht zuletzt die Mode.

Ästhetik

In die Waage-Zeit fällt auch der Michaelistag (29. September), der in manchen Gegenden nach wie vor festlich begangen wird. Der Erzengel Michael gilt wie gesagt als Seelenwäger, aber unter anderem auch als Überwinder Luzifers.

ᛒ

Die Rune der Waage ist die Beorc-Rune mit den Bedeutungen »Birkenzweig, Hochzeit, neues Leben« und »Frigg« (= germanische Himmelsgöttin).

»Typisch Waage« – Stärken und Schwächen der Waage-Persönlichkeit

Persönliche Stärken in Stichworten

Diplomatie

Ästhetisch, aufgeschlossen, bemüht um Objektivität, bereit, sich in andere und Andersartiges hineinzuversetzen, charmant, diplomatisch, entgegenkommend, feinsinnig, flirtend, gesellig, höflich, kokett, kompromißbereit, kontaktfreudig, künstlerisch, Kunst und Kultur sowie das Ästhetische liebend, offen, sich nach idealen menschlichen Beziehungen sehnend, immer beide Seiten einer Sache betrachtend, sozial, strategisch, nach Ausgewogenheit, dem Ausgleich der Gegensätze und dem rechten Maß suchend, ebenso nach Gerechtigkeit, taktvoll, tolerant, Extreme vermeidend.

Persönliche Schwächen in Stichworten

Passivität

Aggressiv denkend, ängstlich vor Emotionalität, entschlußlos, Ideen habend statt Taten ausführend (das »Schreibtischtätersyndrom«), kompromißlos, labil, passiv, scheinharmonisch, sich »vage« verhaltend, sich klammernd an ein übertünchtes, rosarotes Leben, eigensinnig beide Seiten einer Sache sehend und dabei die angestrebte Mitte verfehlend, träge, unentschieden, unselbständig, wehleidig.

»Golden Girls«

Vielen Menschen wird noch die Fernsehserie »Golden Girls« in Erinnerung sein, deren Darstellerinnen in ihren Rollen jeweils ein Kardinalzeichen verkörpern. Dorothy vertritt in ihrer burschikosen Art das Zeichen Widder, die kernige Sophia den Steinbock. Rose mit ihren naiven Heimatgeschichten von St. Olaf den Krebs und die eitle und männermordende Blanche die Waage. Höchstwahrscheinlich wurden diese Zuordnungen von den Drehbuchautoren nicht absichtlich ausgewählt, die Übereinstimmungen ergeben sich vielmehr aus dem einfachen Grund, weil sowohl in der Astrologie als auch im Film bestimmte Menschentypen stilisiert dargestellt werden. Auf diese Weise können selbst Comedyserien als Hilfsmittel zum Erlernen astrologischer Archetypen herhalten.

Attraktivität

Blanche stellt in liebevoll überzeichneter Weise die Stärken und Schwächen der typischen Waage dar: Ihre Schönheit und ihre Attraktivität gehen ihr über alles. (Und Waagen sind in der Tat oft außergewöhnlich attraktive Menschen.) Sie ist geltungssüchtig und eitel, das Wichtigste auf der Welt ist für sie, allen zu gefallen und von jedem bewundert zu werden, gleich, welchen Geschlechts. Dabei ist sie aber niemals bösartig oder hinterhältig. Wenn es darauf ankommt, vergißt sie trotz ihrer Oberflächlichkeit ihre ganze Selbstverliebtheit (zumindest für einen Moment) und unternimmt alles, um den Zusammenhalt und den häuslichen Frieden in der Damenwohngemeinschaft wiederherzustellen. Blanche war nicht unbedingt die ideale Mutter, ist ihrer erwachsenen Tochter aber die beste Freundin, die man sich nur wünschen kann. Keine schlechte Karikatur einer weiblichen Waage.

Eines der wichtigsten Themen der Waage ist, wie der Name bereits andeutet, der Ausgleich und das Gleichgewicht. In sehr praktischer und konkreter Entsprechung zeigt sich dies darin, daß unter diesem Tierkreiszeichen Geborene überdurchschnittlich häufig gute Tänzer sind. Auch Sportarten, die einen ausgeprägten Gleichgewichtssinn erfordern – wie zum Beispiel Kunstturnen –, werden erfolgreich von Waage-Menschen ausgeübt. Das ist um so bemerkenswerter, da diesem Zeichen besondere sportliche Leistungen im allgemeinen eher weniger liegen. In dieser Hinsicht ist der seinerzeit berühmte amerikanische Stuntman Evel Knievel sicherlich eine interessante Ausnahme. Über Jahrzehnte hinweg versuchte er vergeblich, mit einem Spezialmotorrad den Grand Canyon zu überspringen, und sorgte damit immer wieder für Schlagzeilen. Auch wenn das sportliche Moment hier keinesfalls unterschätzt werden darf, so war seine Haupttriebfeder doch sicherlich die Show, die Publicity und die Anerkennung. Und dies sind in der Tat typische Ziele für Waage-Menschen.

Gleichgewicht

Anerkennung

Schneller Entschluß bringt oft Verdruß

Die Themen Balance und Gleichgewicht beziehen sich natürlich nicht nur auf den Körper, sondern auch auf die Psyche. Hier ist der Ausgleich weniger angeborene Fähigkeit als angestrebtes Wunschziel der unter diesem Tierkreiszeichen Geborenen. Wie sich bei einer altmodischen Balkenwaage die Schalen auf und ab bewegen, um sich schlußendlich auf den Stillstand einzupendeln, so ist auch die Psyche dieser Menschen eine ganze Weile in Unruhe, ehe ein stabiler Zustand erreicht ist. In der Praxis bedeutet dies, daß Waagen nicht unbedingt zu den entschlußfreudigsten Zeichen gehören. Oft brauchen sie lange Zeit, um das Für und Wider einer Sache abzuwägen und dann zu einer Entscheidung zu kommen. Bei Themen, die für den weiteren Lebenslauf langfristig von Bedeutung sind, wie etwa eine Heirat oder ein Berufswechsel, mag dies sicherlich eine sehr nützliche Veranlagung sein. Aber wenn die Wahl zwischen Tee und Kaffee schon eine halbe Stunde dauert, sieht die Sache anders aus.

Entschlußlosigkeit

Wahrscheinlich kennen Sie die Geschichte von dem Esel, der genau zwischen zwei Strohballen verhungerte, weil er sich nicht entscheiden konnte, welchen von beiden er zuerst fressen sollte. Auch wenn das Beispiel sicher deutlich überzogen ist, so beschreibt es das Hauptdilemma dieses Tierkreiszeichens recht genau. Und das ist auch der Grund, warum viele Waagen entgegen aller Theorie einen geregelten und klar definierten Tagesablauf bevorzugen: In diesem Fall gibt es keinen besonderen Entscheidungsspielraum, und dies wird von Waagen fast immer positiv und keineswegs als Einschränkung erlebt. Nichts ist ihnen unangenehmer, als immer eine klare Meinung äußern zu müssen, die es auch noch anderen gegenüber zu

»Bisher hielt ich mich für unentschlossen, jetzt bin ich mir da nicht mehr so sicher ...«

(REDENSART)

rechtfertigen gilt. Kein Zeichen weiß so gut und genau wie die Waage, daß jeder eindeutige Standpunkt einseitig und damit letztlich auch falsch ist. In Diskussionen würden Waage-Geborene daher auch die gegenteilige Ansicht zu der des Gesprächspartners vertreten, nicht weil es unbedingt ihre Überzeugung wäre, sondern einfach um die Unterhaltung gleichzeitig ausgeglichener und interessanter zu gestalten.

Gesprächsverhalten

Den meisten von ihnen würde es nichts ausmachen, wenn die Rollen vertauscht wären und sie die Ansichten ihres Gesprächspartners zu vertreten hätten, während dieser die ihren einnimmt. Sie würden mit der gleichen Begeisterung und Schlüssigkeit argumentieren wie zuvor. Das heißt nicht, daß sie ihr Fähnlein nach dem Wind hängen, auch wenn ihnen übelwollende Mitmenschen dies vielleicht gelegentlich unterstellen. Sie wollen einfach, daß jedes Thema von allen Seiten beleuchtet wird, jeder Gesichtspunkt in die Diskussion einfließt, bevor sie sich in irgendeiner Weise festlegen.

Wenn sie gerade einmal nicht mit anderen reden, führen sie Selbstgespräche. Glücklicherweise geschieht dies nur selten laut, aber sie sind fast immer mit einem inneren Dialog beschäftigt. Auf diese Weise versuchen sie, für anstehende Probleme die richtige Entscheidung zu treffen.

Innerer Dialog

Ich denke, daß aus diesen kurzen Ausführungen bereits deutlich geworden ist, daß Entscheidungen zu treffen und sich festzulegen für Waage-Menschen zu den anstrengendsten Übungen überhaupt gehört. Ein mir bekanntes Ehepaar, bei dem beide Partner in diesem

> »Zwischen Entweder und Oder führt noch manches Sträßlein.«
>
> (JOSEPH VICTOR VON SCHEFFEL)

Tierkreiszeichen geboren waren, ging gern abends essen. Manchmal wurde nur deshalb nichts daraus, weil die Lokale schon geschlossen hatten, bis die Entscheidung endlich gefallen war, wo sie denn hingehen wollten.

Waage-Menschen ist es wichtiger als anderen Tierkreiszeichen, daß sie bei ihren Mitmenschen Anerkennung finden. Letztlich ist ihr gesamtes Selbstwertgefühl davon abhängig, ob sie gemocht werden oder nicht. Sie wollen nicht herrschen wie die Löwen oder provozieren wie die Wassermänner, sie brauchen einfach die Bestätigung durch einen Menschen, den sie lieben und achten.

Aus diesem Grund brauchen viele Waagen das Publikum, den Glamour und den Applaus. Ihr Wunsch, von allen geliebt zu werden, und die oft ungewöhnliche künstlerische oder schauspielerische Begabung treiben viele von ihnen regelrecht auf die Bühne. Vielleicht ist es nur eine Freizeittheatergruppe oder der Schulchor, womit sie sich ausleben, aber irgendein Ventil wird der Star in ihnen nahezu immer finden. Trotzdem werden die meisten von ihnen eine glückliche Partnerschaft dem Showbusineß vorziehen.

Ventil

Eine der bekanntesten Waagen ist sicherlich John Lennon. Seine Beziehung zu Yoko Ono und ihr Einfluß auf die Trennung der Beatles wird unter Fans nach wie vor kontrovers diskutiert. Lennon war sicherlich nicht unbedingt das, was man sich unter einem ausgeglichenen Menschen vorstellt. In der Tat neigte er bei dem Versuch, zu sich selbst zu finden, eher dazu, von einem Extrem ins andere zu fallen.

Wie wir gesehen haben, ist eine solche Reaktion für Angehörige dieses Tierkreiszeichens jedoch eher typisch als ungewöhnlich zu nennen: Das Wesentliche ist der Prozeß, der zu einem Ausgleich führen soll, so wie die Aufundabbewegungen der Balkenwaage darauf ausgerichtet sind, Ruhe zu erreichen und ein perfektes Gleichgewicht herzustellen.

Ausgleich

Auch in einigen anderen Punkten war John Lennon ein durchaus typischer Vertreter seines Tierkreiszeichens: In der Zeit nach den Beatles gab es kaum einen Entschluß, den er nicht von Yoko Ono abhängig gemacht hätte, in Wahrheit traf sie sogar die meisten Entscheidungen für ihn. Aber Waagen sind dankbar dafür, wenn ein geliebter Partner die Wahl für sie trifft, mit der sie sonst die Qual hätten. Sie empfinden das nicht als Bevormundung, sondern als Entlastung.

»Ich mußte mich entscheiden, ob ich mit Yoko oder den Beatles verheiratet sein wollte.«

(JOHN LENNON)

Waage-Menschen sind bekannt für ihren außergewöhnlichen Sinn für Ästhetik und Harmonie sowie für ihre Liebe zur Kunst. Obwohl John Lennons Songs anfangs von vielen der damals »Etablierten« als »jugendverderbend« und »rebellisch« eingestuft wurden, gibt es sicherlich heutzutage nur noch wenige, die die Musik der Beatles nicht als ausgesprochen harmonisch, oft gar als entspannend empfinden. Auch wenn dies alles letztlich Geschmackssache sein mag, so bleibt Lennons künstlerisches Talent trotz allem unumstritten.

Kunstliebe

Ich denke, also bin ich

John Lennon

John Lennon galt als der intellektuelle Kopf der Beatles, was sicherlich nicht nur an der nach ihm benannten Brille lag. Er setzte sich mit politischen und sozialen Themen auseinander, und es gab kaum eine Frage, auf die ihm nicht eine gewitzte Antwort einfiel.

Die Waage ist ein Luftzeichen, und diese haben allgemein eine Beziehung zum Intellekt. Den meisten macht einfach das Denken Spaß, sie haben vielseitige Interessen und lieben es, umfassend darüber informiert zu sein, was in der Welt geschieht. Gleichzeitig gehört die Waage zu den Kardinalzeichen. Deren Vertreter haben oft Vorbildfunktion für andere. Sie sind in der Lage, auf ihrem eigenen Gebiet Maßstäbe zu setzen, die von anderen akzeptiert und nachgeahmt werden. So ist diesem Zeichen der scheinbare Widerspruch zu eigen, sich intensiv nach den Wünschen, Ideen, Meinungen und Vorschlägen von Freunden zu richten und auf der anderen Seite selbst Trendsetter sein zu können. Wie wir am Beispiel John Lennons bereits gesehen haben, muß dies in Wahrheit gar kein Paradox sein. Es ist im Gegenteil eine der großen Stärken dieses Zeichens, sich so ziemlich von allem und jedem inspirieren lassen und auf diese Weise aus einer Vielzahl bekannter Dinge etwas völlig Neues schaffen zu können. Es ist so ähnlich, wie wenn man einen Blumenstrauß zusammenstellt: Jede Blumensorte ist bereits bekannt, doch wie sie miteinander kombiniert werden, ist möglicherweise etwas vollkommen Andersartiges und Originelles.

Widersprüche

Am augenscheinlichsten wird dies in der Bekleidungsbranche. Es gibt kaum einen Kleidungsstil, der nicht schon einmal dagewesen wäre, und doch wird uns jedes Jahr regelmäßig eine »neue« Mode präsentiert. Es ist fast überflüssig zu erwähnen, daß die besten Modeschöpfer eine Waage-Dominanz in ihrem Horoskop haben. Wenn die Sonne nicht in diesem Zeichen steht, dann ist es der Mond oder der Aszendent!

Mode

Den Waage-Menschen wird ein Hang zum Luxus und zur Verschwendungssucht nachgesagt. Wie bei allen Tierkreiszeichen, gibt es natürlich auch hier solche Vertreter, die mit Geld nicht umgehen können und ständig über ihre Verhältnisse leben. Typisch ist dies allerdings nicht. Waagen können durchaus sparen und ihre Pfennige beisammenhalten, nicht zuletzt deshalb, weil sie sich ja auch so schwer entscheiden können, wofür sie ihr Geld ausgeben wollen.

Geld

Die meisten Venus-Geborenen sind bereit, sich in allem einzuschränken, nur nicht in ihren Vergnügungen. Nicht zu Unrecht sind sie der Meinung, daß ein echter Genuß die beste »Kapitalanlage« überhaupt ist, denn wirkliches Wohlbefinden läßt sich mit Geld gar nicht bezahlen. Die wahren Lebenskünstler unter ihnen werden immer die Qualität über die Quantität stellen. Wer sich wirtschaftlich einschränken muß, leistet sich möglicherweise nur einmal pro Woche oder seltener eine gute Flasche Wein, aber dafür stellt er sicher, daß es sich dann um

»Genieße, was dir Gott beschieden, entbehre gern, was du nicht hast …«

(CHRISTIAN FÜRCHTEGOTT GELLERT)

einen wahrhaft edlen Tropfen handelt. Der Grund, warum Waagen gelegentlich von ihren Mitmenschen unterschätzt werden, ist ihre Vielseitigkeit und ihre Freundlichkeit. Wenige Menschen können sich vorstellen, daß jemand über so viele unterschiedliche Gebiete so gut Bescheid wissen kann. Aber das behaupten die Waagen in der Regel ja auch gar nicht von sich. Nur wenige von ihnen sind Experten an der Grenze zum Fachidiotentum. Das wäre ihnen zu langweilig und auch zu anstrengend. Selbst wenn sie sich ein Spezialgebiet ausgesucht haben, über das sie besser als die meisten anderen informiert sind, ziehen sie es dennoch vor, nicht den großen Überblick zu verlieren. Ihre Allgemeinbildung und ihre Vielseitigkeit sind so groß, daß man diese Menschen fast universell einsetzen kann. Ihre ungewöhnliche Begabung zu diplomatischen Formulierungen macht sie häufig zu erfolgreichen Politikern.

Vielseitigkeit

Ihre künstlerische Ader bewegt zahlreiche Waagen dazu, Maler zu werden. Ihr guter Geschmack macht aus ihnen hervorragende Innenarchitekten und Modeberater. Aufgrund ihrer intellektuellen Neugier und ihres sprachlichen Talentes werden sie häufig ausgezeichnete Journalisten und Schriftsteller.

Geschmack

So mag es wie ausgleichende Gerechtigkeit scheinen, daß diejenigen, die einen Waage-Menschen einstellen, irgendwann einmal vor Entscheidungsschwierigkeiten stehen werden, in welchem Arbeitsbereich dieser am besten aufgehoben ist. Denn er wird alle Aufgaben gleich gut erledigen, solange seine Tätigkeit nicht einseitig und langweilig ist.

Das Waage-Kind

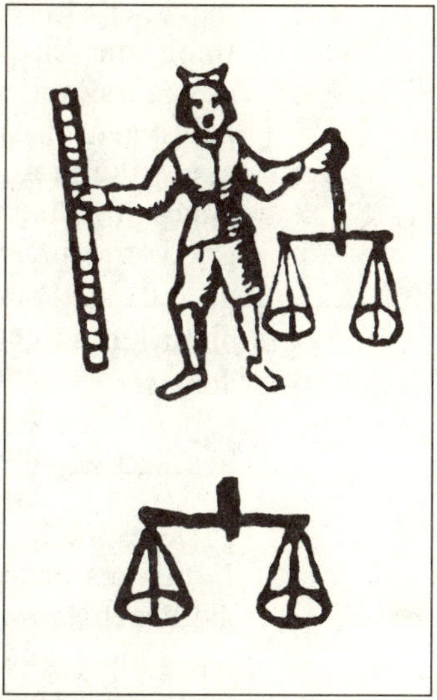

Waage-Kinder sind oftmals ausgesprochen hübsche Babys. Natürlich denken alle Eltern, ihr Nachwuchs sei der schönste und gelungenste seit Menschengedenken, aber in diesem Fall stehen die Chancen nicht schlecht, daß Freunde und Verwandte diesbezüglich eine ähnliche Meinung haben.

Ungewöhnlich früh werden diese Kinder sich mit ihrem Spiegelbild und kurz darauf auch mit ihrem persönlichen Styling beschäftigen. Ein angenehmes Äußeres ist ihnen ausgesprochen wichtig. Sie wollen gut aussehen und sind auch bereit, etwas dafür zu tun. Für halbwegs geschickte Eltern hat dies eine Fülle von Vorteilen: Das Zähneputzen und auch die übrige Körperpflege werden diese Kinder sich schnell und problemlos angewöhnen, wenn man ihnen einmal vor Augen geführt hat, wie häßlich kariöse Zähne sind und wie schmuddelig ungewaschene Hände wirken. Weibliche Waage-Kinder werden sich früh intensiv mit Mamas Schminksachen auseinandersetzen, während Waage-Jungen sich möglicherweise weigern, zu einem Kindergeburtstag zu gehen, wenn sie nicht vorher zum Friseur durften.

Körperpflege

Ohne daß man es ihnen beigebracht hat, wissen sie, wo ihre Schokoladenseite ist und wie sie lächeln müssen, um auf Fotos besonders vorteilhaft auszusehen. Der Versuch mancher Eltern, ihnen diesen unzweifelhaften

Eitelkeit

Hang zur Eitelkeit abzugewöhnen, ist noch aussichtsloser, als eine Katze vom Mausen abzubringen. Geschickter ist es, ihren Hang zur Ästhetik erzieherisch einzusetzen. Da die Waage-Tochter wohl kaum auf Dauer die Finger von Mutters Schminkkoffer läßt, ist es sinnvoller, ihr beizeiten einen eigenen zu schenken und ihr beizubringen, wie man richtig damit umgeht. Dazu gehört natürlich auch, daß alles an seinen Platz zurückgeräumt wird.

»Ohne Schönheit kann ich nicht leben.«

(ALBERT CAMUS)

Denn nicht alle Waage-Kinder sind von Natur aus ordentlich, um offen zu sein: Nur ganz wenige sind es. Wird der Sinn für Ordnung nicht schon frühzeitig trainiert, so stellt er sich im späteren Leben auch nur in Ausnahmefällen ein. Wer die erwachsen gewordenen Waagen nicht sehr genau kennt, dem fällt das allerdings kaum auf. Schließlich treten sie immer gepflegt und adrett auf, und wer zu ihnen zu Besuch kommt, findet eine ansprechende, schön eingerichtete Wohnung vor. Das ist doch ordentlich genug – oder etwa nicht? Nun, schauen Sie einmal hinter dem Sofa nach. Gut möglich, daß sich dort Kleidungsstücke, Staub, alte Zeitungen und halbleere Chipstüten ein fröhliches Stelldichein geben. Gut möglich, daß Sie an der Decke bei genauerem Hinsehen jede Menge Spinnweben entdecken, die ihnen auf den ersten Blick gar nicht aufgefallen wären. Gut möglich, daß auf dem Schrank eine zentimeterdicke Staubschicht liegt. Gut möglich, daß in der Küche, unter einem nassen Tuch versteckt, das schmutzige Geschirr der letzten Wochen lagert. Gut möglich, daß die Fensterscheiben das letzte Mal vor dem Einzug geputzt wurden – und so weiter und so fort. Der langen Rede kurzer Sinn: Die Herausforderung liegt darin, der Jungwaage den Unterschied zwischen ordentlich aussehen und ordentlich sein beizubringen.

Ordnung

Wie alle Luftzeichen haben auch Waage-Kinder eine schnelle Auffassungsgabe und einen ausgeprägten Mitteilungsdrang. Alles, was ihnen im Kopf herumgeht, wollen sie auch erzählen. Und das ist nicht wenig. Viele von ihnen haben einen scharfen Verstand, und die Eltern sollten sich mit den Antworten auf die Fragen ihrer Sprößlinge wirklich Mühe geben, denn Halbwahrheiten und Widersprüche führen nicht zur erhofften Ruhe, sondern zu insistierenden Nachfragen, bis der kleine Venus-Geborene sich ein schlüssiges Bild machen kann.

Seine Fähigkeit, andere – auch Erwachsene – von etwas zu überzeugen, ist oft phänomenal. Dabei sind die Waage-Kinder nicht frei von Missionierungsdrang: Wenn sie etwas für richtig halten, dann werden sie auch ihr gesamtes rhetorisches Talent aufbieten, um jeden in ihrer Umgebung von der Richtigkeit ihrer Ansicht zu überzeugen. Die Eltern werden deshalb darauf achten müssen, daß sie das Heft in der Hand behalten und nicht sie von ihrem Nachwuchs erzogen werden.

Überzeugungskraft

Waage-Kinder sind vielseitig begabt und an fast allem interessiert. Besonderes Interesse weckt, was mit Kunst zu tun hat; dies wird ihnen gefallen und liegen. Sie können schneller als andere Kinder ein Instrument beherrschen. Ihnen fällt es leicht, zu zeichnen und zu malen. Häufig sind sie ungewöhnlich sprachbegabt und verfügen über ausgeprägte handwerkliche Fähigkeiten. Auch Menschen

mit besonderem logischen und naturwissenschaftlichen Geschick werden unter diesem Zeichen geboren.

Bei dieser Fülle von Gaben muß es doch einen Haken geben, werden Sie denken. In der Tat, es gibt einen: Waage-Kinder sind sprunghaft in ihren Interessen – was sie heute unbedingt haben oder tun möchten, interessiert sie morgen vielleicht überhaupt nicht mehr. Und sie sind faul. Als die Arbeit, die Ausdauer und das Pflichtgefühl verteilt wurden, waren die Jungwaagen gerade nicht da. Mit ihrem Charme und ihren vielseitigen Fähigkeiten und Neigungen werden sie zwar immer gut durchs Leben kommen. Voll ausschöpfen können sie ihre Möglichkeiten aber erst, wenn sie Ausdauer und Selbstdisziplin erlernt haben. So altmodisch es klingen mag: Sie können Ihrem Kind keinen größeren Gefallen tun, als es dabei zu unterstützen, sich auf das eine oder andere Hobby zu konzentrieren und am Ball zu bleiben. Natürlich sollte es Verschiedenes ausprobieren dürfen, bevor es sich festlegt. Das heißt, um der Wahrheit die Ehre zu geben, letztlich werden Sie wohl mehr oder weniger deutlich mitentscheiden müssen, was Ihrem Sprößling liegt und Spaß macht. Sie erinnern sich: Nichts fällt einer Waage schwerer, als sich endgültig auf eine Sache festzulegen.

Sprunghaftigkeit

Die Waage-Frau

Die Waage wird bekanntlich von der Liebesgöttin Venus beherrscht, und so nimmt es nicht wunder, daß die unter diesem Tierkreiszeichen geborenen Damen oft außergewöhn-

Venus

lich feminin und attraktiv sind. Die beiden Schauspielerinnen Brigitte Bardot und Romy Schneider sind sicherlich passende Beispiele für diese Theorie. Selbst Waage-Frauen, die nicht im landläufigen Sinne hübsch sind, besitzen oft eine Ausstrahlung, die sie ungewöhnlich attraktiv macht. Da sie mit dieser Eigenschaft zur Welt kamen und ihnen somit die Vergleichsmöglichkeiten fehlen, kommt es durchaus vor, daß ihnen dieser Vorzug noch nicht einmal bewußt ist.

Attraktivität

Das Wort »Attraktivität« heißt übersetzt soviel wie »Anziehungskraft«, und offensichtlich wurde es erfunden, um das Phänomen der Waage-Frauen treffend zu beschreiben. Denn diese beneidenswerten Geschöpfe müssen nur selten von sich aus etwas tun, um Bekanntschaften zu machen oder Freundschaften zu schließen. Sie ziehen andere Menschen – nicht nur Männer – genauso an wie eine Frühlingswiese die Schmetterlinge.

Fast jeder, der mit Waage-Frauen zu tun hat, mag sie, was sicherlich auch damit zusammenhängt, daß sie es verstehen, ihrem Gegenüber nicht seine Illusionen zu rauben. Das heißt nichts anderes, als daß ihr Gesprächspartner in ihnen das sieht, was er sehen möchte. So haben viele weibliche Waagen während der Schul- und Ausbildungszeit einen außergewöhnlich großen Bekanntenkreis, der ihre gesamte Freizeit beansprucht. Lediglich in den Beziehungen zu anderen Frauen kann es – gegen ihren Willen – gelegentlich zu Konflikten kommen, wenn diese in der Waage zu sehr die Konkurrentin sehen und es ihr übelnehmen, daß sie einfach besser ankommt.

Falls Sie eine Waage-Dame jemals darüber klagen hören, daß ihr ihre vielen Bekanntschaften und die damit verbundenen zeitlichen Verpflichtungen über den Kopf wachsen, so wird dies in erster Linie und in den meisten Fällen wohl Koketterie sein, denn in Wahrheit braucht sie diese Kontakte wie die Luft zum Atmen. Das große Geheimnis ist, daß die meisten Waage-Frauen nur selten gern allein sind. Manche bekommen sogar Depressionen oder Angstzustände, wenn sie längere Zeit ganz auf sich selbst gestellt sind. Je größer der Bekanntenkreis, um so geringer ist die Gefahr, daß es zu diesem Problem kommen könnte. Ein weiterer Grund ist ihr oft vorhandener Hang zur Passivität. Sie brauchen ständig Anregungen von außen und das Gespräch mit Menschen, die sie schätzen, um Entscheidungen zu fällen und aktiv werden zu können. Anderenfalls besteht die Möglichkeit, daß sie in den eigenen vier Wänden regelrecht versauern.

»Es ist nicht gut, daß der Mensch allein bleibt.«

(1. MOSE 2, 18)

In festen Lebensgemeinschaften kann ihr Hang zur Passivität manchmal zu einem echten Problem werden, insbesondere wenn der Partner sehr dominant und eifersüchtig ist. Da sie in ihrem »Vorleben« wenig tun mußten, um Bekanntschaften zu schließen, fällt es den Waage-Damen jetzt schwer, die Initiative zu ergreifen und neue Kontakte zu knüpfen. Sie sind zu sehr daran gewöhnt, daß der andere den ersten Schritt tut. Schlimmstenfalls lassen sich lebenslustige Waage-Frauen auf diese Weise mehr und mehr von ihrer Umgebung isolieren. In solchen – glücklicherweise seltenen – Situa-

Passivität

tionen fällt es ihnen immer schwerer, sich aus einer unglücklichen Partnerschaft zu lösen, einfach weil sie keine Freunde mehr haben, die ihnen helfen, den Absprung zu schaffen. Bewußt oder unbewußt wissen kluge Waage-Frauen um den Stellenwert, den andere Menschen in ihrem Leben haben. Sie sorgen deshalb in den meisten Fällen dafür, daß ihnen ihr Freundes- und Bekanntenkreis erhalten bleibt, auch wenn sie eine feste Bindung oder eine Lebensgemeinschaft eingehen. Aus ähnlichen Gründen geben viele auch ihren Arbeitsplatz nicht auf bzw. kehren nach der Kinderpause wieder zu ihm zurück. Denn solange sie sich nicht in eine übergroße Abhängigkeit vom Partner begeben, gibt es wenig in ihrem Leben, mit dem sie nicht zurechtkommen könnten.

Sexualität

In vielen Büchern über Astrologie ist zu lesen, Waage-Frauen seien zwar sehr begehrt, sie selbst könnten der körperlichen Liebe hingegen nur wenig abgewinnen. Bestenfalls durch einen ausgedehnten romantischen Abend im Restaurant mit Kerzenlicht und einem guten Wein könnten sie auftauen. Natürlich gibt es, unabhängig von Geschlecht und Tierkreiszeichen, immer Menschen, die ein eher geringes Interesse an der Sexualität haben, aber das ist für Waage-Damen durchaus nicht typisch. Männer, die sich über die mangelnde Heißblütigkeit ihrer Waage-Partnerin beschweren, haben möglicherweise vergessen zu überprüfen, inwieweit der Grund für ihre Unzufriedenheit bei ihnen selbst liegt. Denn diese Frauen hassen nichts mehr in der Liebe als Langeweile. Ein einfallsloser Liebhaber wird bei ihnen auch das größte erotische Interesse mühelos

Viele Waage-Männer kommen bei der Damenwelt so gut an, daß sie Probleme haben, sich auf eine Partnerin festzulegen. Über die Entscheidungsschwäche der Waage ist ja schon viel geschrieben worden. Was ihr Verhältnis zu Frauen angeht, scheinen manche Waage-Männer aus ihrer Entscheidungsschwäche regelrecht eine Lebenseinstellung zu machen. Zumindest für eine Weile halten sie nichts von einem »Entweder-Oder«, sondern ziehen entschieden das »Sowohl-Als-auch« vor. Nur wenigen von ihnen wurde die Treue in die Wiege gelegt. Sie mögen es nicht, wenn man sie in die Enge treibt, ihnen Schuldgefühle einredet und Geständnisse einfordert. Auseinandersetzungen gehen sie, wann immer möglich, aus dem Weg, und Ehekrach ist ihnen ein Greuel. Für viele von ihnen gelten Notlügen als zulässiges Mittel, um drohende Partnerschaftskrisen zu vermeiden. Ungefilterte Ehrlichkeit empfinden sie sowieso häufig als einen Ausdruck von Phantasielosigkeit oder gar Brutalität. Warum sich und die Partnerin mit unangenehmen Wahrheiten quälen? Was – außer einem Streit – wäre das Ergebnis?

Entscheidungsschwäche

»Lieber eine schöne Lüge als eine häßliche Wahrheit.«

(REDENSART)

Waage-Männer wissen genau, wie man Frauen becirct, welche Themen man mit ihnen besprechen kann und was man doch lieber verschweigt. Sie sind nicht so tolpatschig, beim ersten Rendezvous ausführlich von ihren Schweißfüßen zu erzählen. Nein, sie besitzen Fingerspitzengefühl und so viel Charme, daß auch der kühlsten Dame eine Gänsehaut über den Rücken läuft, wenn sie mit ihr flirten. Und sie flirten gern, auch dann noch, wenn sie bereits in festen Händen sind und ihre Jugendsünden abgelegt haben. Aber Waagen brauchen einfach zu ihrer Selbstbestätigung das Gefühl, daß sie noch Chancen hätten, wenn sie nur wollten.

Schwerenöter

Natürlich befinden sich unter ihnen auch echte Schwerenöter, die aus ihrer Liebe zum leichten Leben gar keinen Hehl machen. Beispiele wären hier etwa der Schlagerstar Udo Jürgens, dessen ausschweifendes Liebes- und Sexualleben lange Jahre die Klatschspalten füllte, oder der James-Bond-Darsteller Roger Moore. James Bond ist die Karikatur des Waage-Mannes, zumindest was sein Auftreten und sein Verhältnis zu Frauen angeht. Natürlich ist nicht jeder Waage-Mann ein Playboy, aber die meisten von ihnen wären es zumindest für ein Weilchen gern einmal.

Genießer

Waage-Geborene stellen anscheinend eine Beziehung zwischen dem Künstlichen und dem Verhältnis zur Kunst her. Kitsch und echte Geschmackssicherheit liegen eng beieinander. Und fast alle Waage-Männer sind an den schönen Künsten interessiert. Wenn sie es sich leisten können, hängen sie in ihrer Wohnung sogar echte Bilder auf. Sie besuchen Ausstellungen und Museen. Oft sind sie echte Feinschmecker und ausgezeichnete Weinkenner. Kaum jemand kann die schönen Seiten des Lebens so auskosten wie sie. Als echte Genießer ist ihre Devise »leben und leben lassen«, und solange sie nicht das Gefühl haben, daß man sie ausnutzt, sind sie aufrichtig und gern großzügig. Ihr außergewöhnlicher Charme, ihr gewinnendes Lächeln und ihr angeborenes Redetalent öffnen ihnen fast alle Türen.

Die Bedeutung des Geburtstages

Das folgende Kapitel behandelt die einzelnen Geburtstage, die in Gruppen von jeweils drei Tagen zusammengefaßt sind. Dies erlaubt eine wesentlich persönlichere Deutung, als es über das Tierkreiszeichen allein möglich wäre. Wenn Sie die Aussagen zu den jeweiligen Geburtstagen mit dem, was Sie über das Tierkreiszeichen Waage gelesen haben, kombinieren, werden Sie die Waage-Persönlichkeit mit Sicherheit noch besser getroffen finden.

Ergänzender Hinweis: Die in den Geburtstagsgruppen gemachten Aussagen leiten sich von den sogenannten »Kritischen Graden« ab. Diese kommen in unterschiedlicher Häufigkeit über den gesamten Tierkreis verteilt vor. Wenn Sie also – etwa beim gründlichen Vergleich verschiedener Bände aus dieser Reihe – zu unterschiedlichen Daten den gleichen Text vorfinden sollten, ist dies kein Fehler, sondern Absicht. Bei diesen Menschen stand die Sonne zum Zeitpunkt der Geburt eben auf dem gleichen »Kritischen Grad«.

22. bis 24.9. (29 Grad Jungfrau bis 1 Grad Waage)

Ausdrucksstärke

Menschen mit dieser Konstellation können selbst Unangenehmes so formulieren, daß es schön und interessant klingt. Fast immer besteht die Fähigkeit, sich so auszudrücken, daß sie von ihrem Gegenüber verstanden werden.

Diplomatie

Sie besitzen eine bemerkenswerte Fähigkeit zur Diplomatie, welche sie oft zu guten Vermittlern macht. Leider hat diese Stärke auch ihre Kehrseite: Sie können nur schwer nein sagen, unmißverständliche persönliche Meinungsäußerungen wird man von ihnen nur selten zu hören bekommen. So fällt es nicht leicht, ihnen gerecht zu werden und ihre Wünsche zu erfüllen: Der andere kennt sie einfach nicht.

Diese Konstellation ist oft ein Hinweis auf ein besonderes Sprachtalent und eine wohlklingende Stimme. Sowohl Dolmetscher, Sprecher, Übersetzer, Fremdsprachenkorrespondenten als auch in der Kosmetik- und Kunstbranche Tätige sind häufig in diesen Tagen geboren.

Es finden sich ausgeprägte gesellige Neigungen. Am liebsten verbringt man seine Zeit im Freundeskreis. Da diese Menschen im Umgang mit anderen ausgeglichen und harmoniebetont sind, kommt fast jeder gut mit ihnen aus, und sie können sich in allen Gesellschaftskreisen problemlos bewegen.

Freundlichkeit

Ihre Art, sich freundlich und verbindlich zu geben, kann dazu führen, daß sie von manchen als profillos und langweilig eingestuft werden. Andere glauben vielleicht sogar, sie ausnutzen zu können. Menschen mit dieser Konstellation mögen jedoch lediglich keine unnötigen Auseinandersetzungen. Sollte ein Streit aber wirklich einmal unvermeidlich sein, so wehren sie sich ihrer Haut mit einer Intensität, daß ihren Kritikern Hören und Sehen vergeht. In der Regel haben sie jedoch ein so feines Gespür für die ihnen zusagende Umgebung, daß sie ungeeignete Kontakte abbrechen und sich neu orientieren, bevor es überhaupt zu Spannungen kommt.

25. bis 27.9. (2 bis 4 Grad Waage)

Empfindsamkeit

Wer an einem dieser Tage geboren wurde, gehört zu den empfindsamsten Vertretern seines Tierkreiszeichens. Es gibt kaum eine Regung in ihrer Umwelt, die diesen Menschen entgehen könnte. So wissen die Betreffenden auch über das, was in ihrem Partner vor sich geht, oft schneller und besser Bescheid als er selbst. So schön es für diesen ist, mit jemandem zusammenzusein, der ihn blind versteht und entsprechend auf ihn eingehen kann, so hat diese Konstellation doch nicht nur Vorteile: Schließlich hat jeder seine kleinen Geheimnisse, die er gern für sich behalten möchte. Wer sich permanent durchschaut fühlt, reagiert auch einmal mit deutlichem Unbehagen oder wird sogar regelrecht wütend. Die in diesen Tagen Geborenen fühlen sich durch solche Reaktionen zu Recht verletzt und gekränkt, schließlich können sie nichts für ihren Spürsinn, und sie haben es nur gut gemeint. So lernen sie früh, ihre Fähigkeiten, so gut es geht, vor anderen und schließlich sogar vor sich selbst zu verstecken.

Selbstunterschätzung

Viele Menschen mit dieser Konstellation unterschätzen sich und ihre Fähigkeiten. Häufig ist hier die Ursache im Elternhaus zu suchen, wo sie vielleicht zuwenig Nestwärme erhalten haben oder – was oft der Fall ist – zuviel Kritik geübt wurde. Das Resultat ist leider in vielen Fällen eine überkritische Einstellung sich selbst gegenüber: Niemals ist man mit sich und dem, was man erreicht hat, zufrieden. In – glücklicherweise seltenen – Extremfällen kann das in einem regelrechten Selbsthaß gipfeln, der jede Lebensfreude im Keim erstickt. Insbesondere bei Frauen kann dies sogar zu gesundheitsschädlichen Eßstörungen führen. In Freundschaften und Beziehungen ist es deshalb für die Betreffenden besonders wichtig, daß man ihnen Anerkennung und emotionale Unterstützung entgegenbringt. Wenn sie spüren, daß sie jemand wirklich mag und akzeptiert, kennt ihre Dankbarkeit kaum Grenzen, auch wenn sie sich dies selbst vielleicht nicht eingestehen können. Aus Angst, verletzt zu werden, fällt es ihnen oft schwer, anderen zu zeigen, was sie empfinden. Ist jedoch erst einmal das Eis gebrochen, sind sie ausgesprochen stürmisch und leidenschaftlich. Allerdings dauert es recht lange, bis sie einem anderen Menschen uneingeschränkt vertrauen, und der kleinste Mißklang kann dazu führen, daß sie sich wieder in ihr Schneckenhaus zurückziehen. Ihr Gefühlsleben gleicht manchmal einer Achterbahn; Niedergeschlagenheit und Begeisterung unterliegen einem raschen Wechsel.

Eßstörungen

Aktivität

Die Waage-Geborenen lieben es, aktiv zu sein, sie sind meist sportlich und ehrgeizig. Solange ihnen ihre Stimmungen nicht in die Quere kommen, können sie in kurzer Zeit Außergewöhnliches leisten. Sogar harte Arbeit kann ihnen Spaß machen und Selbstbestätigung geben.

So vorsichtig sie auch normalerweise vorgehen, in wichtigen Lebenssituationen neigen sie zu vorschnellen Entscheidungen, dies gilt sowohl für den Beruf als auch für Partnerschaften. Hier kostet es oft viel Kraft und Ausdauer, um einmal gemachte Fehler zu korrigieren. Zum Glück haben sie von beidem mehr als genug.

Viele Menschen mit dieser Konstellation besitzen unentdeckte künstlerische, ästhetische und organisatorische Fähigkeiten, die sie fördern und entwickeln sollten. Auf diese Weise können sie einen Ausgleich zu ihren alltäglichen Belastungen schaffen.

Besondere Fähigkeiten

28. bis 30.9. (5 bis 7 Grad Waage)

Menschen, die an einem dieser Tage geboren wurden, haben Großes im Leben vor, und meist erreichen sie es auch. Freunde, Partner, Verwandte und Konkurrenten können keinen größeren Fehler begehen, als sie zu unterschätzen. Im Glücksfall werden sie angenehm überrascht ihre Meinung ändern, im schlimmsten Fall ihre Fehleinschätzung bitter bereuen. Viele der in diesem Zeitraum Geborenen besitzen einen besonders ausgeprägten Geschäftssinn, und nichts macht ihnen mehr Freude als kaufen und verkaufen. Die größte Schwierigkeit bei ihren hochfliegenden Plänen ist die schmerzhafte, aber unvermeidliche Einsicht, daß man bei allen Dingen im Leben am Anfang beginnen muß. Dabei stecken sie voller Ideen, was sie alles machen werden, wenn sie erst einmal »oben« sind. Ihr Problem ist nicht, das Ziel aus den Augen zu verlieren – das haben sie ständig vor sich –, sondern die Mühe auf sich zu nehmen, all die kleinen, mühseligen Schritte dorthin zu unternehmen. Eigentlich fühlen sie sich ja zu Höherem beru-

Ideenreichtum

fen. Die größte Falle ist für sie daher, sich für die notwendigen Lehrjahre zu fein zu sein. Menschen, die diesen Fehler begehen, bleibt nichts als ihre große Vision – an eine Verwirklichung ist nicht mehr zu denken.

Charme

Beeindruckend sind ihre Überzeugungskraft und ihr Charme. Diese Kombination macht sie für viele regelrecht unwiderstehlich, so daß es ihnen so gut wie immer gelingt, Mitstreiter für ihre Projekte zu gewinnen.

Im Umgang mit anderen sind sie großzügig und tolerant, solange niemand ihren Führungsanspruch in Frage stellt. Wer dies probiert, kann unter Umständen ein blaues Wunder erleben. Sobald jemand versucht, ihnen die Butter vom Brot zu nehmen, kämpfen sie wie die Löwen, und sie verlieren so gut wie nie.

Ihre oft außerordentlichen Fähigkeiten und ihre Wirkung auf andere können zu Überheblichkeit und Selbstüberschätzung führen, eine der größten Gefahren bei dieser Konstellation. Dann werden Risiken eingegangen, die in Extremfällen in einer Katastrophe enden können. Deshalb sind für sie Freunde und Partner wichtig, die sie nicht nur hemmungslos bewundern, sondern ihnen mit konstruktiver Kritik helfen, »auf dem Teppich« zu bleiben.

Ausland

Viele Menschen mit dieser Konstellation haben eine besondere Affinität zum Ausland. Sei es, daß sie so oft wie möglich in die Ferne reisen, sei es, daß sie berufliche Verbindungen zum Ausland haben oder daß Freunde oder der Partner aus einem anderen Kulturkreis stammen.

Leber, Dickdarm und Zähne sind bei vielen Menschen, die in diesen Tagen geboren wurden, ein Schwachpunkt. Sie sollten deshalb zurückhaltend im Alkoholkonsum sein und auf eine gesunde Ernährung achten.

1. bis 3.10. (8 bis 10 Grad Waage)

Die an diesen Tagen Geborenen haben oft ein außergewöhnliches Kommunikationstalent. Die meisten von ihnen reden viel und gern. Da sie in der Tat etwas mitzuteilen haben und dabei auch noch unterhaltsam und amüsant sein können, hört man ihnen meist bereitwillig zu. Nicht immer und nicht allen gelingt es allerdings, das richtige Maß einzuhalten, so daß mancher übersieht, daß sein Gegenüber gelegentlich ebenso gern einmal etwas sagen würde.

Kommunikationstalent

Unter den Menschen mit dieser Konstellation finden sich häufig geborene Lehrer: Keiner kann so gut wie sie schwierige Zusammenhänge allgemeinverständlich erklären. Ihre Begeisterung für ein Thema ist dabei durchaus ansteckend, so daß ihre Schüler auch tatsächlich bei der Sache sind und nicht nur gelangweilt das Ende der Stunde abwarten.

Diejenigen unter ihnen, die keine solchen Kommunikationsathleten sind, haben häufig eine Vorliebe für das Schreiben, gleichgültig, ob es sich dabei um Briefe, das Tagebuch, Gedichte oder einen Roman handelt.

Besser als die meisten anderen Menschen sind sie in der Lage, Gefühle auszudrücken und sich in das Seelenleben anderer hineinzuversetzen. So nimmt es nicht wunder, daß, wer in ihrer Umgebung Kummer hat, bei ihnen Verständnis und Trost sucht. Da sie immer

Verständnis

bereit sind, anderen zu helfen, bleibt ihnen häufig kaum noch genügend Raum für ihr Privatleben. Oft bedarf es deutlicher Worte des Partners oder enger Freunde, damit sie lernen, sich ausreichend abzugrenzen.

So gut wie alle Menschen mit dieser Konstellation besitzen eine außergewöhnliche geistige Beweglichkeit und eine hohe Intelligenz.

4. bis 6.10. (11 bis 13 Grad Waage)

Typische Vertreter

Menschen, die an einem dieser Tage geboren wurden, sind die typischsten Vertreter ihres Zeichens. Die meisten von ihnen sind regelrechte Glückskinder. Was sie anpacken, gelingt ihnen auch so gut wie immer. Die Schwierigkeiten in ihrem Leben scheinen nur dafür dazusein, daß sie sich beweisen können, daß es kaum etwas gibt, mit dem sie nicht fertig werden. Diese Menschen brauchen regelrecht große Herausforderungen, um sich selbst zu bestätigen und daran zu wachsen. Ein Leben, das allzusehr in überschaubaren Bahnen verläuft, gibt ihnen nicht das Gefühl von Sicherheit, sondern sie langweilen sich schlicht zu Tode. Mancher geht in solchen Situationen unnötige Risiken ein. Das können gefährliche Sportarten, der Hang zu Glücksspiel oder gar illegale Aktivitäten sein. Und das alles nur, um sich ein wenig Nervenkitzel zu verschaffen. Wenn sie dann einige Jahre später zurückblicken und sich an ihre »Jugendsünden« erinnern (die durchaus nicht nur in der Jugend begangen werden), erschrickt so mancher nachträglich und ist baß erstaunt darüber, trotz soviel sträflichen Leichtsinns mit heiler Haut davongekommen zu sein. Viel einfacher sind diejenigen dran, die ihre überschießende Lebensenergie schon frühzeitig in konstruktive Bahnen lenken konnten. Die Menschen, die ihre berufliche Laufbahn auf der Überholspur machten, sind überdurchschnittlich häufig an diesen Tagen geboren. Ihre zahlreichen Erfolge sind niemals etwas, das sie auf Dauer befriedigen könnte, sondern lediglich Etappen auf einem Lebensweg, der kein endgültiges Ziel zu kennen scheint. Diese Waage-Geborenen müssen darauf achten, daß sie sich und ihren Angehörigen auch einmal ein wenig Muße gönnen. Denn was nützen Erfolg und Wohlstand schon, wenn man sich nicht die Zeit nimmt, diese zu genießen?

Erfolg

In Beziehungen verlangen sie ihrem Partner ein hohes Maß an Toleranz ab. Das macht eine Lebensgemeinschaft oder eine Ehe nicht einfacher. Denn nicht jeder ist dafür geschaffen, mit einem derartigen Energiebündel umgehen zu können. Wer es allerdings mit ihnen aushält, wird dafür mehr als reichlich belohnt: In puncto Großzügigkeit und Hilfsbereitschaft nimmt es so schnell keiner mit ihnen auf.

7. bis 9.10. (14 bis 16 Grad Waage)

Wer an einem dieser Tage geboren wurde, für den ist das Wort »Einsamkeit« scheinbar ein Fremdwort. Diese Menschen brauchen bloß vor die Tür zu gehen, und schon lernen sie jemanden kennen, oder sie treffen einen alten Bekannten. Es scheint eine fast magische Ausstrahlung von ihnen auszugehen, so daß nahezu jeder, der mit ihnen in Berührung kommt,

Magische Ausstrahlung

auch mit ihnen zu tun haben möchte. Dieser Effekt ist viel zu intensiv, als daß er ihnen verborgen bleiben könnte. Schon früh in ihrem Leben lernen sie, mit ihrer besonderen Ausstrahlung umzugehen. Wer auf sie zugeht, erhält eine freundliche, aber völlig unverbindliche Reaktion. Je mehr jemand den Kontakt zu ihnen sucht, um so geschickter entziehen sie sich. Dabei werden sie sich hüten, jemanden vor den Kopf zu stoßen oder ihm einfach zu sagen, daß sie an ihm nicht interessiert sind. Sie verstecken sich einfach immer mehr hinter ihrer äußeren Fassade. Damit werden sie natürlich stetig undurchschaubarer und geheimnisvoller und damit erst recht interessant und begehrenswert.

Dieser Umstand öffnet ihnen alle Türen. Ob im Beruf oder im Privatleben, sie haben immer die richtigen Beziehungen, um das zu bekommen, was sie wollen. Insgeheim leiden sie jedoch auch darunter. Schließlich wollen sie sich beweisen, daß sie aus sich heraus, allein und ohne fremde Hilfe, ihr Leben meistern und ihre ehrgeizigen Ziele erreichen können. Doch wem die Tür geöffnet wird, der macht sich nur selten die Mühe, sie selbst zu schließen, um sie anschließend einrennen zu können.

Minderwertigkeitsgefühl

So leidet mancher heimlich unter Minderwertigkeitsgefühlen, da ihm jede echte Selbstbestätigung fehlt: Es sind immer die anderen, die ihm Anerkennung geben. Doch was nützt das, wenn man sich dabei im Grunde seines Herzens wie ein Falschspieler vorkommt?

Sosehr sie vom Schicksal bevorzugt sind, so schwierig ist es auch für sie, ihre Lebensaufgabe zu meistern: nämlich eine Persönlichkeit zu entwickeln, die sich Ziele setzt und erreicht, die nur allein zu meistern sind. Nur so läßt sich die Angst vor Intimität und emotionaler Nähe überwinden, nur so kann echte Partnerschaft erlernt werden.

Aufgaben

10. bis 12.10. (17 bis 19 Grad Waage)

Wer an einem dieser Tage Geburtstag hat, ist meist eine echte Genießernatur. Die angenehmen Seiten des Lebens üben einen unwiderstehlichen Reiz auf die Betreffenden aus. Und wenn sie ehrlich sind, geben sie auch gern zu, daß sie gar kein Bedürfnis danach haben zu widerstehen. Allerdings sieht man vielen von ihnen ihre Vorliebe für gutes Essen und Trinken mit der Zeit auch an, ein Umstand, der sie nicht kaltläßt. Schließlich sind sie Ästheten, und sie wollen nicht nur schöne Dinge um sich herum haben, sie wollen auch selbst schön sein.

Genießer

Ihre grundsätzliche Lebenseinstellung ist: leben und leben lassen. Die meisten von ihnen sind erstaunlich gutmütig, es liegt ihnen kaum daran, in Wortgefechten zu obsiegen oder immer das letzte Wort zu behalten. Im Gegenteil: Sie sind beeinflußbar und immer bereit, sich von anderen inspirieren zu lassen. Wird ihre Gutmütigkeit allerdings allzu offensichtlich ausgenutzt, können sie zu Furien werden. Ehrgeiz plagt sie nur so lange, bis sie eine Lebenssituation geschaffen haben, in der sie sich behaglich einrichten können. Ab dann bedeuten ihnen Freizeit und das Zusammensein mit Freunden mehr als gesellschaftliche Anerkennung, Karriere oder Ruhm.

Künstlerische Begabung

Häufig besteht eine künstlerische Begabung. Dies gilt vor allem für die Musik. Viele Kunst- und Musikkritiker besitzen diese Konstellation. Doch auch Feinschmecker und Weinkenner kommen besonders häufig vor. Viele von ihnen können selbst hervorragend kochen. Manche werden aktive Künstler, sei es in der Musik, der Malerei, der bildenden Kunst, dem Theater oder dem Tanz. In solchen Fällen kommt es oft eher zufällig oder fast gegen ihren Willen zu einer Karriere: Wenn sie von einer Sache völlig begeistert sind, vergessen sie einfach ihren Hang zum bequemen Leben, und wenn sie über entsprechendes Talent verfügen, stellt sich der Erfolg fast zwangsläufig ein.

13. bis 15.10. (20 bis 22 Grad Waage)

Geradlinigkeit

Die Menschen, die an diesem Tag geboren wurden, zeichnen sich fast immer durch eine besondere Geradlinigkeit aus. Sie leben nicht in den Tag hinein, sondern verfolgen hochgesteckte und ehrgeizige Ziele. Dafür sind sie auch bereit, Opfer in Kauf zu nehmen. Es ist nicht ungewöhnlich, daß sie bereits als Kinder oder Jugendliche wissen, welchen Beruf sie einmal ergreifen wollen; und was sie sich in den Kopf gesetzt haben, das erreichen sie auch. Meist sind sie zurückhaltend und ernsthaft, so daß sie mancher unterschätzt. Wer jedoch einen zweiten Blick riskiert, merkt schnell, daß ihnen einfach nichts daran liegt, sich vorteilhaft in Szene zu setzen. Immer geht es ihnen um die Sache und nicht um die Show. So sind sie besser als andere Menschen in der Lage, Situationen sachlich zu beurteilen. Ungefragt werden sie ihre Absichten nur selten mitteilen, aber es lohnt sich immer, sie danach zu fragen. Ihr ausgeprägter Gerechtigkeitssinn macht sie zu guten Anwälten im wörtlichen und übertragenen Sinne des Wortes. Wenn sie für eine gute Sache kämpfen, können sie eine unerwartete Begeisterungsfähigkeit und Überzeugungskraft entwickeln. In Verbindung mit ihrer Zähigkeit sind dies optimale Voraussetzungen, um ihren Interessen zum Durchbruch zu verhelfen.

Gerechtigkeitssinn

Menschen, die in diesen Tagen geboren wurden, brauchen oft länger als andere, um persönliche oder berufliche Entscheidungen zu fällen, schließlich will alles bei ihnen genau überlegt sein.

Auch in Beziehungen lassen sie sich meist Zeit, bevor sie sich endgültig binden. Oft sind sie hier auch ein wenig schüchtern oder sogar unsicher. Wenn sie jedoch einmal ihr Herz verschenkt haben, sind sie treue und verläßliche Partner.

16. bis 18.10. (23 bis 25 Grad Waage)

Für Menschen mit dieser Konstellation gibt es nichts Schlimmeres als Stillstand und Stagnation. Immer müssen sie in Bewegung sein, sei dies nun geistig oder körperlich. So reisen sie gern und viel und nehmen ständig Veränderungen an ihrer Wohnung vor. Viele von ihnen ziehen außergewöhnlich oft um.

Bewegung

In der Regel besteht eine überdurchschnittliche sprachliche Begabung. So fällt es ihnen leicht, sich schriftlich oder mündlich auszudrücken, und wer sie dumm anredet, muß mit einer »schlag«-fertigen Antwort rechnen.

Oft haben sie ein besonderes Interesse an Sprachen und Literatur, das sie auch beruflich zu nutzen versuchen. Dies gilt ebenso für ihr

Reisen

Interesse an Reisen. Insbesondere in jungen Jahren übernehmen sie gern Tätigkeiten, bei denen sie »herumkommen«.

Die Ortsgebundeneren unter ihnen besitzen neben ihrem Sprach- und Kommunikationstalent auch einen guten Geschäftssinn, so daß viele erfolgreich im Handel tätig sind. Bei allem, was sie tun, ist jedoch Abwechslung das wichtigste Element. Das gilt sowohl für den Beruf als auch für die Partnerschaft. So hat mancher lange Zeit mehr Freude an der Partnersuche als an einer festen Beziehung. Haben sie sich schließlich gebunden, sind zahlreiche

Gemeinsame Aktivitäten

gemeinsame Aktivitäten das A und O für eine harmonische Verbindung. Für auf Dauer angelegte Lebensgemeinschaften ist dies sogar noch wichtiger als die erotische Anziehung. Ein allzu häusliches Gegenüber wird es mit ihnen schwerhaben, da diese Waage-Geborenen viel zu unternehmungslustig sind, um die ganze Freizeit in den eigenen vier Wänden zu verbringen. Die Gefahr wäre groß, daß der Lebenspartner die meiste Zeit mit Warten verbringt. Konflikte und Entfremdung sind damit unumgänglich.

19. bis 21.10. (26 bis 28 Grad Waage)

Menschen, die in diesen Tagen geboren wurden, haben das Bedürfnis, die eigene Kraft in den Dienst überpersönlicher Zielsetzungen zu stel-

len. Sie sehnen sich daher nach Werten, für die es sich zu kämpfen lohnt.
So sind sie gern radikal und konsequent, sobald sie davon überzeugt sind, sich für das Richtige einzusetzen. Deshalb wirken sie auf ihre Umgebung manchmal ein wenig intolerant, während sie selbst eher unter dem Mangel an Entschlossenheit ihrer Mitmenschen leiden.

Mangel an Entschlossenheit

Unter dieser Konstellation finden sich ungewöhnlich viele aufrechte, mutige, geradlinige und zielstrebige Persönlichkeiten, die sich nicht so schnell ins Bockshorn jagen lassen und ihre Möglichkeiten und Grenzen genau kennen.

Sie können für ihre Ziele alle Reserven mobilisieren. Durch autoritäres Gehabe, Großmäuligkeit und alberne Machtdemonstrationen (zum Beispiel von Vorgesetzten) lassen sie sich kaum beeindrucken.

Menschen mit dieser Konstellation sind oft ausgeglichener als andere, da sie es verstehen, sich ihr Leben ihren persönlichen Neigungen und Fähigkeiten angemessen einzurichten. Sie setzen sich Ziele, die sie weder über- noch unterfordern. So verschaffen sie sich Erfolgserlebnisse, die ihnen zu einem gesunden Selbstbewußtsein verhelfen. Voraussetzung hierfür ist eine berufliche Situation, die ihren Fähigkeiten entspricht. Besonders wichtig ist ihnen eine Position, in der sie Verantwortung übernehmen können.

Hohe Anforderungen

An ihren Partner stellen sie hohe Anforderungen, doch verlangen sie niemals mehr, als sie selbst zu geben bereit sind. Wenn es notwendig ist, bringen sie für Menschen, die ihnen etwas bedeuten, große Opfer.

22. bis 24.10. (29 Grad Waage bis 1 Grad Skorpion)

Dies ist eine der leidenschaftlichsten Konstellationen. Kaum ein anderer Geburtstag ermöglicht eine solch intensive und heftige Begegnungs- und Bindungsfähigkeit.

Diese Menschen haben das Bedürfnis, sich vollständig mit den Werten einer Beziehung respektive eines Gegenübers identifizieren zu können. Sie sehnen sich daher nach einem perfekten Partner, der ihren überaus hohen Erwartungen gerecht werden kann.

Identifikation

Der andere wird damit gleichzeitig idealisiert und auf die eigenen Vorstellungen reduziert. Ist er nicht in dem Maße perfekt, wie dies von ihm erwartet wird, verliert er für die Waage blitzartig an Attraktivität, und schwerwiegende Konflikte sind programmiert. Denn neben der großen Enttäuschungsbereitschaft, die sich aus der Unvereinbarkeit von Ideal und Wirklichkeit ergibt, besteht eine außerordentliche Bindungsintensität. Das heißt, Beziehungen, die einmal eingegangen wurden, können oft nur schwer und unter großen Schmerzen und gegenseitigen Verletzungen wieder gelöst werden.

Hier ergibt sich häufig das Problem, daß man in zwischenmenschlichen Beziehungen und insbesondere in Partnerschaften zwar schnell ernüchtert und enttäuscht ist, es jedoch nur schwer schafft, sich aus einmal eingegangenen Bindungen wieder zu befreien. Im Extremfall kann in dieser Situation der Eindruck entstehen, daß man sich wie die Fliege im Spinnennetz fühlt.

Beziehungen

Menschen mit dieser Konstellation sehnen sich nach Werten, die den höchsten persönlichen Einsatz, den größten Verzicht wert sind. Klassische Entsprechungen sind hier Tätigkeiten in sozialen und religiösen Institutionen, aber auch ein radikales politisches Engagement. Im Denken und in persönlichen Einstellungen besteht eine außergewöhnliche Konsequenz. Diese Menschen bemühen sich um eine widerspruchsfreie Einstellung allen Dingen gegenüber. Dies läßt sie manchmal ein wenig dogmatisch und intolerant wirken, doch der wahre Grund ist, daß sie nicht mit Halbheiten leben wollen.

Konsequenz

Welcher Mond-Typ ist die Waage?

Jeder Mensch hat neben seinem Sonnen- auch ein Mondzeichen. Das Zeichen, in dem die Sonne steht, spiegelt unser Handeln wider, während das Mondzeichen Auskunft über unser Gefühlsleben gibt. Sie können also zum Beispiel ohne weiteres gleichzeitig Waage(-Sonne) und Krebs(-Mond) sein.

Gefühlsleben

Gerade wenn Sie einigen Aussagen zur typischen Waage gar nicht recht folgen können, sollten Sie einmal unter dem Mondzeichen des Betreffenden nachschauen. In vielen Fällen werden Sie hier die Erklärung finden, warum und in welcher Weise sie sich von anderen Waagen unterscheidet.

Individuelle Horoskopdeutung

Für eine individuelle Horoskopdeutung ist das Mondzeichen eigentlich noch wichtiger als das Sonnenzeichen. Der Grund, warum das Mondzeichen längst nicht so bekannt ist und dementsprechend auch nicht ausreichend gewürdigt wird, liegt wie gesagt einfach an einem technischen Problem: Während Sie Ihr Sonnenzeichen leicht über Ihr Geburtsdatum feststellen können, ist dies beim Mondzeichen nicht so einfach.

Hier wurden bisher Spezialtabellen, sogenannte Ephemeriden, benötigt, oder man bediente sich eines Computerprogramms. Mit Hilfe der Tabelle im Anhang (»Die Bestimmung des Mondzeichens«) können Sie allerdings sehr leicht das persönliche Mondzeichen der Waage feststellen.

Widdermond

Überlegtes Handeln

Die Kombination von Sonne in der Waage und Mond im Widder weist auf ein besonders energisches Temperament hin, das mit der Fähigkeit verbunden ist, in fast allen wichtigen Lebenssituationen trotz heftiger seelischer Stürme überlegt zu handeln. Auf diese Weise werden viele Fehler vermieden, die sich ergeben würden, wenn Widdermond-Geborene ihren spontanen Stimmungen nachgäben. Wenn sie allerdings einmal die Selbstbeherrschung verlieren, dann gründlich. Es gibt in diesem Fall kaum noch eine Möglichkeit, sie zu stoppen. Im Affekt werden dann manchmal Dinge gesagt und getan, die man später lieber ungeschehen machen würde. Zum Glück kommen solche Situationen nicht allzuoft vor.

Zuverlässigkeit

Wer unter dieser Zeichenkombination geboren wurde, hat erkannt, daß er für sich und seine Handlungen selbst verantwortlich ist. Doch er weiß auch, daß er sich auf die Unterstützung von Freunden und Bekannten verlassen kann, wenn er diese wirklich benötigt. Umgekehrt kann auch seine Umgebung in schwierigen Situationen auf ihn zählen. Das macht den Umgang mit ihm in aller Regel angenehm, trotz seiner Ecken und Kanten, denn nichts ist ihm peinlicher, als anderen zur Last zu fallen. Nur selten werden Menschen mit dieser Konstellation andere für eigene Fehler verantwortlich machen, und so nehmen sie es auch gelassen hin, wenn Mitmenschen, die ihnen nicht allzu nahe stehen, über ihren

Eigensinn gelegentlich den Kopf schütteln. Schließlich ist es ihr Leben, und sie sind nicht auf der Welt, um es allen recht zu machen.

Hilfsbereitschaft

Die entwickelten Persönlichkeiten unter ihnen zeichnen sich durch besondere Hilfsbereitschaft aus, die sie nicht an die große Glocke hängen, sie erwarten auch keinen besonderen Dank dafür. Gerade in schweren Krisen fällt es ihnen selbst nicht leicht, Hilfe anzunehmen. Sie haben an sich den Anspruch, mit allen Problemen des Lebens aus eigener Kraft fertig zu werden, und sind deshalb oft zu stolz, andere um Rat oder gar um finanzielle Unterstützung zu bitten.

Kein Mensch kann ohne andere bestehen. Manche Widdermond-Geborene begehen den Fehler, sich immer und ausschließlich auf sich selbst zu verlassen, und übersehen dabei, daß sie keines ihrer Ziele ohne die Unterstützung und Mithilfe anderer erreichen können. Im Extremfall kann daher aus Unabhängigkeit sogar Ignoranz werden. Sie wollen keinen Rat akzeptieren, auch dann nicht, wenn er von wohlmeinender und berufener Stelle kommt.

In den meisten Fällen führen private und berufliche Krisen schließlich zu der Einsicht, daß ein Weiterkommen nur möglich ist, wenn das Wissen und Können anderer in das eigene Leben mit einbezogen wird. Gerade bei außergewöhnlich starken Persönlichkeiten kann es aber passieren, daß sie sich so lange ausschließlich auf sich selbst verlassen, bis sie sich in eine derart aussichtslose Lage manövriert haben, daß eine sinnvolle Lösung kaum noch möglich ist.

Aufgabe

Die größte Herausforderung für die Widdermond-Geborenen ist zweifellos das Erlernen echter Begegnungsfähigkeit. Dies gilt besonders für die mit einer Krebssonne. Fühlen und Handeln sind hier oft so widersprüchlich, daß man Schwierigkeiten hat, sich selbst zu verstehen. Um so schwerer ist es dann, auf andere Personen angemessen zuzugehen. Partnerschaft, Freundschaft und Familie können nicht mit dem gleichen Mißtrauen und Konkurrenzbewußtsein angegangen werden wie das übrige Leben. Hier gilt es, echte Offenheit und Vertrauen zu erlernen. Nur das Bemühen um diese Fähigkeiten schafft die Möglichkeit für ein zufriedenes und ausgeglichenes Leben.

Offenheit und Vertrauen

Für diese Menschen ist es eine echte Lernaufgabe, zu begreifen, daß es kein Zeichen der Schwäche ist, zuzugeben, wenn man einmal mit seinem Latein am Ende ist, im Gegenteil. Unbewußt haben sie Angst, aus ihrem Freundes- und Bekanntenkreis ausgeschlossen zu werden, wenn man ihnen anmerkt, daß sie Hilfe benötigen. Diese Sorge ist unbegründet. Die Menschen, die sie selbst immer wieder unterstützt haben, werden sich freuen, wenn sie sich revanchieren können. Gerade bei der Widder-Mond-Waage-Sonne-Konstellation kommt es häufig zu Erkrankungen des Verdauungsapparates, wenn man beständig seine Sorgen »in sich hineinfrißt«. Menschen mit dieser Mondkonstellation reagieren besonders sensibel auf die Mondphasen, insbesondere den Vollmond. In dieser Phase sollten riskante Unternehmungen nach Möglichkeit gemieden werden. Dazu gehören auch Operationen. Die Reaktion auf Alkohol, Medikamente oder Drogen kann verändert sein.

☽

Stiermond

Impulsives Handeln

Bei dieser Konstellation kommen unüberlegte und impulsive Handlungen kaum vor. Weder Stier noch Waage sind Zeichen, die zu unüberlegtem Tun neigen. Bevor sie handeln, untersuchen sie die Dinge auf ihren praktischen Nutzen, ist ein solcher nicht erkennbar, werden sie erst gar nicht aktiv.

Stiermond-Geborene haben im allgemeinen ein gutes Verhältnis zum Geld. Wann immer es möglich ist, werden sie darauf achten, daß sie mehr einnehmen, als sie ausgeben. Deshalb gelingt es ihnen meist auch, sich in guten Zeiten nennenswerte Ersparnisse zurückzulegen. Bei manchen Stiermond-Geborenen mag die Sparsamkeit übertriebene Züge annehmen. Allerdings gibt es hier auch den Gegentyp. Bei diesem besteht häufig eine Tendenz zu riskanten Spekulationen und windigen Geschäften, die angeblich über Nacht riesige Gewinne bringen sollen. Solche Aktionen können sie sehr viel Lehrgeld kosten oder gar um ihr Vermögen bringen. Bei Waage-Geborenen ist ein solches Verhalten immer ein sicheres Zeichen für »falschen Umgang«, da sie von sich aus nicht zu Spekulationen neigen.

Wenn sie haben, was sie wollen, tun sie alles, um es nicht wieder zu verlieren, denn einmal erlangte Vorteile gilt es zu erhalten und zu mehren.

Beruf

Die Praxis hat gezeigt, daß viele erfolgreiche Immobilienmakler diese Konstellation besitzen sowie Angehörige aller Berufe, die mit dem Verwalten oder dem An- und Verkauf von Grundbesitz zu tun haben.

Wissen, das nicht konkret anwendbar ist, interessiert Stiermond-Geborene nur in den seltensten Fällen. Umgekehrt sind sie in der Lage, auch scheinbar völlig verkopfte Theorien oder Einstellungen in die Praxis umzusetzen.

Gutes Gedächtnis

Viele besitzen ein auffällig gutes Gedächtnis, das scheinbar jeden Eindruck, jeden Gedankengang archiviert und allzeit zum Abruf bereit hält.

Ihr Engagement für ihre Freunde, für Familie und Bekannte ist in vielen Fällen beeindruckend. Vor allem für sozial Schwache und Gestrauchelte setzen sie sich ein, ohne dabei Rücksicht auf die öffentliche Meinung zu nehmen. Denn wenn es um Menschen und Menschlichkeit geht, interessieren sie Ideologien und Dogmen überhaupt nicht mehr. Instinktiv ist ihnen der Unterschied zwischen persönlichen Ansichten und praktischen Notwendigkeiten bewußt. Inhumanes Verhalten oder sklavisches Festhalten an bürokratischen Vorschriften kommen bei ihnen nur in den seltensten Fällen vor. Ihre Fähigkeit, auf zerstrittene Parteien versöhnend einzuwirken, wird von den Menschen in ihrer Umgebung sehr geschätzt.

Sinnlichkeit

Keine andere Mond-Konstellation weist so viel angeborene Sinnlichkeit und Genußfähigkeit auf wie diese. Essen, Trinken, geselliges Beisammensein und nicht zuletzt die Sexualität können intensiv genossen werden. Aus dieser lebensfrohen Einstellung zieht man die Kraft, um auch mit den schwierigen Situationen des Lebens zurechtzukommen.

Wenn auch nicht alle, so besitzen doch viele Stiermond-Geborene einen umwerfenden Humor, der meist bodenständig bis derb ist. Zumindest aber ist ein gewisser »Mutterwitz« vorhanden, der es ihnen leichtmacht, Spannungssituationen die Spitze zu nehmen.

Humor

Der größte denkbare Hemmschuh für eine weiter gehende Persönlichkeitsentwicklung ist der Hang zum Opportunismus. Das eigene Fähnchen wird immer nach dem Wind ausgerichtet, der den größten Geldsegen verspricht, ohne sich dabei von moralischen oder ethischen Problemen allzusehr irritieren zu lassen. Als Konsequenz verlieren alle Dinge im Leben ihren persönlichen Wert, auch der größte materielle Erfolg kann nicht mehr befriedigen. Wer die Sonne im Krebs hat, läuft allerdings kaum Gefahr, dieser verhängnisvollen Versuchung zu erliegen.

Stiermond-Geborene sind wahrhafte Überlebenskünstler; ihre Bodenständigkeit läßt sie auch mit den schwierigsten Krisen im Leben zurechtkommen. Es gelingt ihnen jedoch nur unter größten Anstrengungen, freiwillig Opfer zu bringen, auf etwas zu verzichten oder finanzielle Einbußen in Kauf zu nehmen. Hier muß gelernt werden, daß auch geistige Werte kostbar sind, und zwar in vielen Fällen weitaus mehr als die materiellen. Erst wenn man sich moralische, ethische oder religiöse Prinzipien zu eigen gemacht hat, nach denen das Leben ausgerichtet werden kann, ist es möglich, materiellen Wohlstand wirklich zu schätzen.

Prinzipien

Wer mit dem Mond im Tierkreiszeichen Stier geboren wurde, muß lernen, daß es in diesem Leben keine endgültige Sicherheit und keine absolute Gewißheit gibt. Nur so können Existenzängste überwunden und Lebensfreude und Genußfähigkeit voll entwickelt werden.

☽

Zwillingsmond

Gute Verhandlungspartner

Es gibt keine besseren Verhandlungspartner als Menschen mit dem Mond in den Zwillingen. Wenn Sie jemanden brauchen, der Ihnen hilft, einen anderen von einer Sache zu überzeugen, suchen Sie sich jemanden mit dieser Konstellation. Er kann Positionen glaubhafter vertreten, von denen er im Grunde nicht die geringste Ahnung hat, als mancher Experte.

Nichts macht einen Menschen mit dieser Konstellation glücklicher, als wenn er sich anderen mitteilen kann, sei es mündlich oder schriftlich. Da er mehr Gedanken zu vermitteln hat, als ein normales Gegenüber verkraften kann, schafft hier nur ein großer Freundeskreis oder ein passender Beruf Abhilfe. So nimmt es nicht wunder, daß viele mit dieser Konstellation erfolgreich und gern einer Lehrtätigkeit nachgehen.

Sportliche Begabung

Die wenigen Zwillingsmond-Geborenen, die nicht zum Typus des Kommunikationsathleten gehören, verfügen oft über eine außerordentliche sportliche Begabung. Für diese Menschen ist regelmäßiges Training häufig die Voraussetzung für ihr seelisches und körperliches Gleichgewicht, da für ihre überschießende physische Energie und ihre permanente seelische Anspannung auf diese Weise ein Ausgleich geschaffen wird. Die Praxis hat gezeigt, daß Menschen mit dieser Konstellation oft an Allergien, insbesondere im Atemwegsbereich leiden, die durch einen solchen Ausgleich bis hin zur Beschwerdefreiheit gemildert werden können.

Die Mehrzahl der Zwillingsmond-Geborenen ist zwar eher wenig künstlerisch veranlagt, verfügt dafür aber über um so größere rhetorische und analytische Fähigkeiten. Nicht wenige von ihnen sind berufene Naturwissenschaftler.

Analytische Fähigkeiten

Vor allem bei Themen, die sie nicht unmittelbar persönlich betreffen, können sie außergewöhnlich unvoreingenommen das Für und Wider unterschiedlicher Standpunkte abwägen. Das macht sie zu beliebten Diskussionspartnern und ausgezeichneten Schlichtern in Auseinandersetzungen.

Die Gabe, in Wort und Schrift allgemeinverständlich und überzeugend sein zu können, wird von ihnen häufig als so selbstverständlich erlebt, daß sie dies – völlig zu Unrecht – oft überhaupt nicht mehr als persönlichen Vorzug empfinden.

Menschen mit Zwillingsmond und der Sonne in der Waage erfreuen sich in der Regel einer besonderen Beliebtheit in ihrem Bekanntenkreis. Sie haben häufig bis ins hohe Alter hinein eine jugendliche Ausstrahlung und überraschen ihre Umgebung durch spontane Einfälle und Vorschläge.

Bewegung

Sie lieben die Beweglichkeit, sei es im geistigen oder im körperlichen Bereich. Begeisterungsfähigkeit und Spontaneität gehören zu ihren sympathischsten Eigenschaften, die man bei ihnen auch keinesfalls unterdrücken sollte, da sie sonst mit Krankheit und Depression reagieren können.

Viele Zwillingsmond-Geborene laufen Gefahr, ihr gesamtes Leben auf der Überholspur zu verbringen. Da bleibt kaum Zeit, sich mit jemandem oder etwas wirklich intensiver zu beschäftigen. Auch Fingerspitzengefühl und Rücksichtnahme müssen zurückstehen, wenn es um die Sache geht. Wer nicht gelernt hat, sich genügend Zeit für Freunde und Partner zu nehmen, läuft Gefahr, oberflächlich und gefühlskalt zu werden. Waage-Sonne-Zwillinge-Mond-Geborene spüren instinktiv dieses Risiko und steuern dem rechtzeitig entgegen.

Aufgabe

Die größte Herausforderung für Zwillingsmond-Geborene ist das Erlernen der Fähigkeit, aus ihrer immensen Vielseitigkeit echte Toleranz zu entwickeln. Es erfordert wahrhaft Größe, andere Ansichten als die eigenen wirklich gelten zu lassen und nicht nur gönnerhaft zu ertragen. Partnerschaft, Freundschaft und Familie sollten nicht mit »wissenschaftlichem« Verstand angegangen werden. Hier sind Weitsicht, Muße und Offenheit notwendig. Die Auseinandersetzung mit religiösen und weltanschaulichen Themen kann dabei außerordentlich nützlich sein. Denn nur wer in seinem Leben einen tieferen Sinn erkennt, vermag auch wirklich »zu-frieden« zu sein.

Krebsmond

Gutmütigkeit

Neben den Fischemond-Geborenen sind dies die gutmütigsten Vertreter ihres Tierkreiszeichens. Solange Sie die Gefühle des Krebsmonds nicht verletzen und er im Gegenzug die

Ihrigen nachvollziehen kann (und es gibt nur wenig, wofür ein Krebsmond nicht Verständnis aufbringen könnte), wird er sich noch nicht einmal wehren, wenn sie ihm die Haare vom Kopf fressen. Die größte Dummheit, die Sie begehen können, ist, ihn deshalb für einen naiven Trottel zu halten. Sie müssen überhaupt nichts tun, es reicht völlig aus, wenn Sie so etwas denken: Er wird es merken. Und die Folgen für Sie sind meist furchtbar. Ehe Sie sich versehen, hat er Sie an allen Ihren wunden Punkten gleichzeitig getroffen, an allen, die Sie schon kannten und sorgsam zu verstecken suchten, und einigen mehr, von denen Sie bis jetzt noch gar nichts wußten. Der Krebsmond ist der Gefühlsseismograph unter den Tierkreiszeichen, keine seelische Regung in seiner Umgebung entgeht ihm, und er merkt sie sich alle.

Hohe Sensibilität

Solange Sie seine Gefühle nicht verletzen, haben Sie, wie gesagt, den gutmütigsten Menschen der Welt vor sich, andernfalls seziert er Ihr Selbstwertgefühl wie ein Metzger ein Filetstück.

Allzusehr sollten Sie sich durch diese Darlegungen nicht erschrecken lassen, denn Krebsmond-Geborene sind nicht nachtragend. Sobald sie ihren Fehler eingesehen haben, sind sie die ersten, die bereit sind, das Ganze zu vergessen.

Wenn Sie einen solchen Menschen von etwas überzeugen oder zu einer Sache überreden wollen, werden Sie mit den üblichen Argumenten eher wenig ausrichten. Falls er sich nicht gerade in großen finanziellen Schwierigkeiten befindet, wird Geld allein ihn kaum

Innere Unabhängigkeit

umstimmen können. Auch Prestige, sozialer Status oder Abenteuerlust werden für ihn nur selten bestimmende Motive sein. Wenn Sie jedoch glaubhaft machen können, daß andere ohne die Hilfe und Unterstützung des Krebsmondes aufgeschmissen wären, wird ihm ein »Nein« ausgesprochen schwer fallen. Sein soziales Gewissen ist viel zu ausgeprägt, als daß er leichten Herzens andere in der Patsche sitzenlassen könnte. Aber vergessen Sie niemals: Wenn Sie mit den Gefühlen eines Krebsmondes spielen, geht der Schuß fast immer nach hinten los!

Soziales Gewissen

Menschen mit dieser Konstellation sind häuslich: Die Geborgenheit in der Familie und der Schutz in den eigenen vier Wänden liegen ihnen ganz besonders am Herzen. Unter ihnen finden sich die besten Köche, die es überhaupt gibt. So sind sie denn auch bereit, alle Vorschläge genau zu prüfen und zu überdenken, die ihrer Familie nutzen oder ihre Wohnsituation entscheidend verbessern können.

Einfühlungsvermögen

Krebsmond-Geborene sind in ihrer persönlichen und beruflichen Umgebung aufgrund ihres Einfühlungsvermögens oft außerordentlich beliebt, ohne daß sie darum viel Aufhebens machen würden. Im Gegenteil: Meist ist ihnen gar nicht bewußt, wie gut sie bei anderen ankommen. Mehr als andere Jungfrauen neigen sie zu Selbstzweifeln, die sie jedoch in der Regel konstruktiv nutzen, um sich selbst immer wieder zu besonderen Leistungen zu motivieren. Mit Durchschnittlichkeit und Mittelmaß werden sie sich – bei sich selbst – niemals zufriedengeben. Sie neigen dazu, von sich selbst mehr zu verlangen als von anderen.

In dieser Hinsicht sind sie auch die idealen Vorgesetzten. Sie werden kaum zu denjenigen gehören, die während der Arbeitszeit Golf spielen gehen, während sie von ihren Mitarbeitern höchstes Engagement fordern. Typischer für sie ist, daß sie morgens als erste die Firma betreten, um sie abends als letzte zu verlassen. Das hat natürlich für die Mitarbeiter Vorbildfunktion und spornt sehr viel mehr an als etwa eine drohende Entlassung oder eine Gehaltskürzung. Aber auch als Mitarbeiter werden sie ihr Bestes geben und sich weit über das verlangte Maß für ihre Tätigkeit engagieren, wenn man ihnen die Möglichkeit gibt, sich mit ihrer Aufgabe, ihren Kollegen und dem Konzept des Betriebes zu identifizieren.

Vorbild

Niemand kann bei außergewöhnlicher Begabung so beliebt und populär sein wie ein Krebsmond-Geborener. Bei allen anderen Konstellationen ist Anerkennung mit Neid und »Volkstümlichkeit« mit einem Mangel an Niveau verknüpft. Daß dies hier anders ist, hängt vielleicht damit zusammen, daß jeder ihnen anmerkt, wie hart sie für ihren Erfolg gearbeitet haben und wie ehrlich sie sich über ihn freuen können.

Prominente Beispiele

Boris Becker etwa löste mit seinem ersten Wimbledon-Sieg eine derartige Begeisterung aus, daß Tennis völlig unerwartet zum Volkssport wurde. Thomas Mann schuf mit den *Buddenbrooks* ein Stück Weltliteratur, als er gerade mal Anfang Zwanzig war.

Claude Debussy ist neben Ravel der bedeutsamste impressionistische Komponist. Eine ähnliche Vorreiterrolle, wie sie Debussy in der klassischen Musik spielte, nahm Jimi Hendrix in der Popmusik ein. Niemals zuvor spielte jemand die »elektrische« Gitarre in einem solchen Maße als eigenständiges Instrument. Bei einem entsprechenden Entwicklungsniveau sind beim Krebsmond also außergewöhnlicher Ehrgeiz und oft auch künstlerische Begabung vorhanden. Erfolg und Popularität sind das häufige Ergebnis besonderer Anstrengungen und immenser Kreativität.

Aufgabe

Jede Fähigkeit ist auch eine Bürde: Wer über viel Phantasie und Kreativität verfügt, wird Schwierigkeiten haben, sich für langfristige Ziele zu entscheiden. Es fällt schwer, konsequent bei einer Sache zu bleiben, wenn wir ständig neue und interessante Ideen haben. In psychologischer Hinsicht sind Selbstdisziplin und schöpferische Begabung Gegensätze. Doch nur wer lernt, sich aus der Vielzahl seiner Wünsche und Möglichkeiten auf einige wesentliche Themen zu beschränken, kann Außergewöhnliches leisten. Nahezu alle erfolgreichen Krebsmond-Geborenen haben schon frühzeitig auf ein einziges Ziel hingearbeitet.

☽

Löwemond

Sprachbegabung

Diese Konstellation hat viele Vorzüge, die die darin Geborenen mit besonderen Fähigkeiten ausstatten. Sie lernen schneller und leichter als andere. Häufig besitzen sie eine besondere Sprachbegabung und fast immer kaufmännisches Talent. Niemand kann so gut wie sie in einer Gruppe von Menschen unterschiedlichster Herkunft und verschiedenen Temperaments eine angenehme Atmosphäre schaffen. Es gibt kaum bessere Gastgeber als sie. Selbst den formellsten Veranstaltungen können sie noch eine persönliche und menschliche Note geben. Das wissen sie selbst besser als alle anderen, und genau das ist ihr Problem: Unabhängig davon, wieviel Lob und Anerkennung man ihnen entgegenbringt, sie fühlen sich mißverstanden und unterbewertet. Zu Recht wollen sie für ihr Können und ihre Leistungen anerkannt und respektiert und nicht nur einfach »nett« gefunden werden. Hier können manchmal sogar Primadonnenallüren auftreten, womit sie in ihrer Umgebung auf Unverständnis stoßen.

Gute Gastgeber

Im Bereich der Gefühle reagieren sie immer heftig und intensiv, das gilt natürlich auch, wenn sie sich enttäuscht und verletzt fühlen, obwohl sie im Normalfall viel zu stolz sind, sich eine Kränkung anmerken zu lassen. In der Regel ist es dann Aufgabe des Partners, das angeschlagene Selbstwertgefühl wiederaufzubauen.

Dabei handelt es sich hier um ausgesprochen begeisterungsfähige Persönlichkeiten, die lediglich eine Aufgabe benötigen, für die sie sich mit all ihrer Kraft einsetzen können. Werden sie entsprechend gefordert, legt sich auch ihr Hang zur Unzufriedenheit, und sie sind zu außerordentlichen Leistungen fähig. Fast wie die Luft zum Atmen brauchen sie Herausforderungen, die sie zwingen, über sich selbst hinauszuwachsen. Ist dies der Fall, braucht man sich über ihr irritierbares Selbstwertgefühl keine Sorgen mehr zu machen, schließlich stellen sie sich jetzt selbst ständig ihre Fähigkeiten unter

Begeisterungsfähigkeit

Beweis und können die Ignoranz ihrer Umgebung entsprechend gelassener nehmen.

Freundlichkeit

Die meisten Menschen mit dieser Konstellation wirken ausgesprochen warmherzig und spendabel. Das führt allerdings oft zu peinlichen Mißverständnissen, da ihre grundsätzliche Freundlichkeit von ihrem Gegenüber wesentlich persönlicher genommen wird, als sie gemeint ist. Das heißt nichts anderes, als daß viele schnell dem Irrglauben erliegen, daß der Löwemond ein mehr als nur freundschaftliches Interesse an ihnen hat. So wiegt sich mancher in der falschen Sicherheit, das Herz eines Sonne-Waage-Löwe-Mond-Menschen für sich gewonnen zu haben, während dieser möglicherweise Probleme damit hat, sich auch nur an ihn zu erinnern. Glücklicherweise lernen die meisten im Laufe der Jahre ihre Wirkung auf ihre Umgebung angemessener einzuschätzen, so daß derartige, für beide Seiten peinliche Mißverständnisse seltener werden.

Was sie sich allerdings nur in den seltensten Fällen abgewöhnen können, ist die Neigung, ihre Umgebung, insbesondere natürlich Menschen, die ihnen am Herzen liegen, von den Dingen überzeugen zu wollen, die sie für sich selbst als hilfreich und nützlich erkannt haben. Dabei ist es unerheblich, ob es sich um eine neue Nachtcreme, eine bestimmte Gesundheitskur oder eine spezielle Musik-CD handelt. Von dieser Neigung lassen sie auch nicht durch die recht häufige und natürlich enttäuschende Erfahrung ab, daß die meisten Menschen ihre persönlichen Vorlieben nur bedingt teilen.

Lebenshunger

Löwemond-Persönlichkeiten zeichnen sich durch einen besonderen Lebenshunger aus, dem sie nachgehen, wann immer sich eine Möglichkeit dazu bietet. So gibt es kaum etwas Menschliches, das ihnen fremd ist, und falls doch, streben sie nach einer Gelegenheit, es so schnell wie möglich auszuprobieren.

Charisma

Keine andere Mond-Konstellation bietet die Chance zu einem so ausgeprägten Charisma wie diese. Insbesondere Damen mit dem Mond im Löwen können eine Anziehungskraft auf das andere Geschlecht ausüben, für die eine vernünftige Erklärung nicht mehr ausreichend ist. Allen ist das Bedürfnis gemeinsam, von ihrem Umfeld anerkannt und respektiert zu werden, auch gegen ein wenig Bewunderung haben sie selten etwas einzuwenden. Kein anderes Tierkreiszeichen besitzt so viel natürliche Autorität wie dieses, und entwickelte Persönlichkeiten werden diesem Anspruch auch gerecht. Solange man sie nicht in Frage stellt, setzen sie sich mit allen ihnen zur Verfügung stehenden Mitteln für ihre Mitmenschen ein, besonders für Kinder. Wenn sie es sich leisten können, sind sie die großzügigsten Gastgeber und freigebigsten Gönner, die man sich nur vorstellen kann.

Selbstbezogenheit

Die größte Gefahr für Löwemond-Geborene ist ohne Zweifel ihre Eitelkeit und ihre Selbstbezogenheit. Dieses Risiko wird durch die Sonne in der Waage nicht unbedingt gemildert. Im ungünstigsten Fall werden sie zu einem sich in Selbstliebe verzehrenden Narziß, der keinerlei emotionale Beziehungen zu seinen Mitmenschen pflegen kann. Aus Großzügigkeit wird Neid und Geiz, aus überschäumender Lebensfreude Verbitterung, aus Risikobereitschaft Selbstzerstörung. Kaum jemand kann und will sein ganzes Leben lang ausschließlich im Mittelpunkt stehen. So groß die Strahlkraft des einzelnen auch sein mag, es kommt doch der Tag, an dem andere den Platz einnehmen, den man für den eigenen hielt. So fällt es Löwemond-Geborenen besonders schwer, mit dem Nachlassen von Kräften und Fähigkeiten im allgemeinen und den Symptomen des Alterns im besonderen zurechtzukommen. Das Tierkreiszeichen, das Vitalität, Lebendigkeit und Lebensfreude schlechthin repräsentiert, bringt keine Menschen hervor, die sich mit dem Schwinden ihrer Energie so ohne weiteres abfinden können.

Alter

Es ist eine triviale, aber schmerzhafte Erkenntnis, daß wir alle einmal Jüngeren und Besseren Platz machen müssen. So ist es für Löwemond-Persönlichkeiten eine besondere Herausforderung, intensiv in der Gegenwart zu leben und gleichzeitig in Würde zu altern. Hier kann eine innere Reife entstehen, die ein noch größeres Feuer ausstrahlt, als es die Kraft der Jugend vermag.

☽

Jungfraumond

Schlagfertigkeit

Wenn Sie einen Waage-Menschen kennenlernen, der Sie durch eine auffallend schlagfertige Reaktion auf eine besonders ungewöhnliche Situation beeindruckt, und dieser Ihnen anschließend erklärt, das Ganze wäre weiter keine Kunst, schließlich hätte er sich schon vor langer Zeit einen Plan zurechtgelegt, wie er in einer solchen Lage reagieren würde, dann kann es sich nur um einen Jungfraumond handeln (andernfalls steht der Mond im sechsten Haus). Diese Menschen besitzen eine unbegrenzte kreative Phantasie, was die Bewältigung aller möglichen und unmöglichen Herausforderungen des Lebens angeht, und sie verfügen über ein hervorragendes Gedächtnis. So sind denn auch Planspiele ihre große Leidenschaft, unabhängig davon, ob sie Monopoly spielen, alte Schlachten im Sandkasten nachstellen oder sich vor dem Einschlafen überlegen, wie sie ihren Chef von der längst überfälligen Gehaltserhöhung überzeugen können.

Phantasie

Manche Menschen haben jede Menge Ideen, wie sich die Probleme des Alltags einfacher bewältigen ließen. Andere verfügen über praktischen Verstand und Handlungsenergie. Sonne-Waage-Mond-Jungfrau-Menschen aber besitzen beides. Ihr großer Vorteil ist dabei, daß sie ihre Möglichkeiten meist realistisch einschätzen. Sie neigen weder zu Größenwahn noch zu falscher Bescheidenheit. Und sie werden niemals versuchen, etwas durchzusetzen, von dem sie nicht zutiefst überzeugt sind, daß es einer guten Sache dient oder ihnen einfach zusteht. Viele hervorragende Händler und Spitzenverkäufer besitzen diese Konstellation. Die einzige Bedingung für ihren Erfolg ist, daß sie selbst von der Qualität des Produktes überzeugt sein müssen.

Verkaufstalent

Fast jeder kennt den beliebten Verkaufstrick, wenn ein Kunde unschlüssig ist. Der Verkäufer meint einfach: »Das Gerät ist das beste, ich habe es selbst zu Hause.« Die meisten Käufer lassen sich auf diese Weise überzeugen, unabhängig davon, ob der Verkäufer die Wahrheit gesagt hat oder nicht. Wenn Ihnen ein Jungfraumond-Geborener so etwas sagt, können Sie

Ehrlichkeit

sicher sein: Es ist die Wahrheit. Und er wird Ihnen nicht nur auseinandersetzen, daß er dieses Gerät hat, sondern Ihnen aus dem Effeff sämtliche Vorteile gegenüber Konkurrenzprodukten auflisten können. Folgen Sie seiner Empfehlung, wird er sich innerlich freuen, wenn Sie den Laden verlassen, und sich nicht etwa ins Fäustchen lachen, wie geschickt er mal wieder einen naiven Kunden übers Ohr gehauen hat. Menschen mit dieser Konstellation sind »ehrliche Makler«, und wer einmal auf ihren Rat gehört hat und gut damit gefahren ist, wird sich gern wieder an sie wenden.

Neben der häufig vorhandenen kaufmännischen Begabung kommen hier auch schriftstellerisches Talent sowie die Eignung für technische Berufe vor. Eine Reihe exzellenter Ingenieure und Architekten besitzen diese Konstellation.

In Partnerschaften sind sie treu und zuver-

Treue

lässig, solange sie das Gefühl haben, sich auf ihr Gegenüber blind verlassen zu können. Allerdings ist ihr Sinn für das Praktische der Romantik nicht eben förderlich. Man sollte nicht den Fehler begehen und jedes gemeinsame Ausgehen als »Investition in die Beziehung« betrachten und den Partner als »das beste Geschäft« ansehen, das man je gemacht hat. Kein Mensch mag es, wenn er wie eine Sache betrachtet wird, auch nicht, wenn es sich dabei um eine ausgesprochen gute Sache handelt.

Entwickelte Jungfraumond-Persönlichkeiten verfügen über eine außerordentliche emotionale Beweglichkeit und Reaktionsfähigkeit. Besonders Begabte sind hier zum Schriftsteller oder Schauspieler berufen, da niemand über eine genauere Beobachtungsgabe verfügt als sie. Die meisten der Jungfraumond-Geborenen können Entwicklungen voraussehen und auf sie reagieren, bevor andere diese auch nur erahnen können.

Gute Beobachtungsgabe

Es gibt nicht viele, denen es gelingt, ihnen etwas vorzumachen. Keine andere Tierkreiszeichenposition des Mondes repräsentiert einen solch untrüglichen Sinn für das Machbare. Diese Persönlichkeiten verstehen es, aus jeder Situation das Beste herauszuholen. In Sachfragen, insbesondere natürlich in ihrem Spezialgebiet, sind sie oft so kompetent, daß ihre Meinung und ihr Rat auch von Gegnern ernst genommen und respektiert werden. Was ihnen möglicherweise an Kreativität fehlt, machen sie durch Effektivität mehr als wett.

Anpassungsfähigkeit

Jungfraumond-Geborene besitzen die natürliche Fähigkeit, vorgegebene Situationen so gut wie möglich zu nutzen. Dabei besteht die Gefahr, sich mit unzumutbaren Umweltbedingungen zu arrangieren, ohne den Versuch zu unternehmen, diese zu verändern. Wer in einem Haus ohne Heizung lebt, sollte vielleicht nicht nur Yoga-Übungen machen, um die Kälte leichter ertragen zu können, sondern sich einen Ofen besorgen oder einfach umziehen. Anpassungskünstler übersehen manchmal, daß es Umstände gibt, mit denen man sich besser nicht arrangieren sollte.

Die größte Herausforderung für Jungfraumond-Geborene ist das Erlernen der Fähigkeit, etwas offenherziger und verschwenderischer mit ihren Gefühlen zu werden. Allzuviel Sachlichkeit und praktischer Verstand machen auch Freundschaften und das Liebesleben zu einer eher trockenen Angelegenheit. Erst wenn wir gelernt haben, unseren Mitmenschen intensiv zu zeigen, was wir für sie empfinden, ist ein wirklich erfülltes Leben möglich.

☽

Waagemond

Wenn sowohl die Sonne als auch der Mond im Zeichen der Waage stehen, betont das natürlich die Qualität dieses Tierkreiszeichens ungemein. Diese Menschen sind also in vielfacher Hinsicht besonders typische Vertreter ihres Zeichens.

Typische Vertreter

Waage-Geborene brauchen die Gesellschaft anderer. Wenn zusätzlich ihr Mond in der Waage steht, könnten sie allerdings Schwierigkeiten haben, auch nur einige Tage allein zu verbringen. So gern, wie sie sich ihre Eigenständigkeit beweisen, sind sie doch noch mehr von der Zustimmung anderer, insbesondere der des Partners, abhängig. Wer einen solchen Menschen fertigmachen will, muß ihn in seinem tiefverwurzelten Bedürfnis nach einer harmonischen und ästhetischen Umgebung frustrieren, und dieser wird völlig aus dem seelischen Gleichgewicht geraten. Die meisten Menschen mit dieser Konstellation sind hoch sensibel, und manchmal reicht es schon aus, sie beispielsweise wochenlang in einem nicht richtig eingerichteten Büro sitzen zu lassen, um sie ernsthaft in Schwierigkeiten zu bringen.

Hohe Sensibilität

Da sie jedoch über außergewöhnlich viel Fingerspitzengefühl verfügen und auf andere Menschen offen und noch charmanter und diplomatischer als »normale« Waagen zugehen, kommen sie nur selten in eine Situation, in der ihnen jemand ernsthaft Schwierigkeiten bereiten möchte. Im Gegenteil: Wann immer es um Fragen des guten Geschmacks geht, hört man gern ihren Rat und richtet sich danach.

Offenheit

Viele Menschen mit dieser Konstellation sind im weitesten Sinne des Wortes in künstlerischen Berufen tätig. Ob es sich dabei nun um die Tätigkeit eines Friseurs, einer Kosmetikerin, eines Modeschöpfers, einer Innenarchitektin oder eines Designers handelt, in all diesen Berufen spiegeln sich das Bedürfnis und die Fähigkeit wider, den Menschen und seine Umgebung schöner und ansprechender zu gestalten.

Keine Waage ist in ihrer Handlungsfähigkeit so von einer geeigneten Partnerschaft abhängig wie diese. Wenn ein ansonsten pünktlicher Mensch mit blassem Gesicht zu spät zur Arbeit erscheint, wenn ein sonst freundlicher und aufmerksamer Mitarbeiter mit einemmal mürrisch und in sich gekehrt ist: bei einem Waagemond können Sie darauf wetten, daß Liebeskummer und Partnerschaftsprobleme dahinterstecken.

Stimmungsabhängigkeit

Insgesamt sind diese Menschen noch stimmungsabhängiger als andere Waagen, doch macht sie das eher sympathischer, als daß daraus ernsthafte Probleme entstünden.

Waagemond-Menschen können als »Beziehungsathleten« dieses Tierkreiszeichens bezeichnet werden. Keine andere Mond-Konstellation ermöglicht eine derartig ausgeprägte Fähigkeit, sich mit anderen auseinander- und zusammenzusetzen, wie diese. Es gibt kaum etwas in seiner persönlichen Umgebung, das einem Waagemond-Geborenen entgehen könnte. Sobald eine Sache oder ein Umstand mit ihm und seiner Lebenssituation auch nur im entferntesten zu tun haben könnte, interessiert es ihn auch unabhängig davon, wie fremd oder ungewohnt dies sein mag. So lernte eine Klientin mit dieser Konstellation zum Beispiel Türkisch, um sich mit ihrer neuen Nachbarin besser verständigen zu können.

Großes Interesse

Ihr außerordentliches Harmoniebedürfnis gibt Waagemond-Geborenen den Antrieb und die Fähigkeit, allem, was sie umgibt, insbesondere aber natürlich dem Partner, gerecht werden zu können. Sie wünschen sich aufrichtig, andere zu verstehen, so wie sie auch selbst angenommen und verstanden werden möchten. Es ist nicht einfach, mit einem entwickelten Waagemond-Geborenen Streit zu bekommen, da er in der Regel viel zu sehr versuchen wird, Verständnis für den Standpunkt des anderen aufzubringen.

Verständnis

Die größte Gefahr liegt darin, daß diese Menschen ihre Fähigkeit, andere zu manipulieren, vervollkommnen, während die eigene Persönlichkeitsentwicklung auf der Strecke bleibt. Insbesondere Frauen können schnell dauerhaft Opfer ihrer erlernten Hilflosigkeit werden, zumal dies in unserer Gesellschaft ja auch noch unterstützt und gefördert wird. So gilt beispielsweise eine Frau, die selbständig einen Reifen wechseln kann, für viele immer noch als unweiblich.

Waagemond-Geborene müssen lernen, ihre Wünsche auch unabhängig von anderen leben zu können. Es fällt ihnen schwer, aufrichtig stolz auf ihre persönlichen Leistungen und Fähigkeiten zu sein, da sie dazu neigen, sich allzusehr über das Urteil anderer zu definieren. Echte Individualität kann nur erworben werden, wenn wir auch konfliktfähig sind, also einem Streit oder einer Auseinandersetzung nicht um jeden Preis aus dem Weg gehen. Wir müssen lernen, Standpunkte zu vertreten, die von anderen nicht geteilt oder sogar bekämpft werden. Es ist hilfreich zu wissen, daß wir, je mehr wir auf diese Weise zu eigenständigen Persönlichkeiten werden, von den Menschen, die uns etwas bedeuten, nicht verlassen werden, sondern diese noch stärker an uns binden. Wer gelernt hat, zu sich selbst zu stehen und sich von der Zustimmung anderer soweit wie möglich unabhängig zu machen, wirkt auf seine Mitmenschen wie ein Magnet auf Eisenfeilspäne.

Aufgabe

☽

Skorpionmond

Wer mit dieser Konstellation geboren wurde, mußte meist schon frühzeitig lernen, daß in diesem Leben nur das wirklich zählt, was man sich selbst unter Anstrengungen und Schwierigkeiten erarbeitet hat. Dabei ist es unerheblich, ob dieser Mensch vordergründig betrachtet eine sogenannte leichte oder schwere Kindheit hatte. In jedem Fall wurde er schon zu einem sehr frühen Zeitpunkt mit den letz-

Existentielle Erfahrungen

ten Dingen, insbesondere dem Tod, konfrontiert. Auch wenn die meisten diese Erfahrung bald so verdrängt haben, daß jede bewußte Erinnerung daran fehlt, so macht sie sie doch ernsthafter und nachdenklicher als andere. Gerade in der Kindheit wurden sie von ihren Kameraden deshalb kaum verstanden, sie gelten oft als altklug, grüblerisch oder »miesepetrig«. Im Erwachsenenalter legt sich diese Tendenz etwas, doch was bleibt, ist eine instinktive Abneigung gegen alles Oberflächliche. Billige Vergnügungen bleiben ihnen ein Greuel, lieber lesen sie ein gutes Buch oder stürzen sich in ihre Arbeit. Das heißt nicht, daß sie etwas gegen Amüsement oder Unterhaltung hätten, nur legen sie hier eben ein wenig andere Maßstäbe an als die meisten Zeitgenossen.

Tiefgründigkeit

Es ist nicht leicht, ihr Vertrauen zu gewinnen, denn einmal erlittene Verletzungen vergessen sie niemals. Selbst wenn sie sich an das konkrete Ereignis nicht erinnern können, die daraus entstandene Verletzung prägt ihr Empfinden und ihr Gefühlsleben. So tun sie sich in Freundschaften und Partnerschaften am Anfang ein wenig schwer. Dabei können sie durchaus auf andere zugehen und die Initiative ergreifen, aber sie bleiben vorsichtig und versuchen sich gegen jede Enttäuschung zu schützen.

Loyalität

Wer jedoch einmal ihr Vertrauen gewonnen hat, kann mit uneingeschränkter Loyalität rechnen. Haben sie sich schließlich einmal auf jemanden eingelassen, würden sie sich im Sinne des Wortes für diesen Menschen totschlagen lassen, falls es notwendig sein sollte.

Keinesfalls verlangen sie das gleiche Engagement von ihren Freunden und Partnern, wissen sie doch, daß sie vielleicht den guten Willen, aber nicht notwendigerweise die Charakterstärke für ein solches Ausmaß an Konsequenz besitzen.

Konsequenz

Wenn sie sich jedoch verraten fühlen, zögern sie nicht, Menschen, die ihnen gestern noch sehr nahestanden, von heute auf morgen aus ihrem Leben zu werfen. Sie sind nicht für halbe Sachen zu haben – schon gar nicht in Gefühlsdingen.

So sind sie etwa bereit, sich für ihre Partnerschaften bis an den Rand der Selbstaufgabe einzusetzen und in Krisen nichts unversucht zu lassen, um ihre Beziehung zu retten. Sobald sie jedoch erkennen, daß sie verraten wurden oder daß man ihr Vertrauen mißbraucht hat, können sie den anderen fallenlassen wie eine heiße Kartoffel. Vielleicht bricht es ihnen das Herz – denn ihre Härte und die scheinbare Gleichgültigkeit im äußeren Umgang sagen nichts darüber aus, was in ihrem Inneren vor sich geht –, doch werden sie lieber vor Kummer eingehen, als bei einem Menschen zu Kreuze zu kriechen, der ihre Gefühle verraten hat.

Es gibt kein Mondzeichen, das über so viel Willensstärke und Konsequenz verfügt wie dieses; was man sich einmal vorgenommen hat, führt man auch gegen größte Widerstände durch. Die unerreichten Stärken der Skorpionmond-Geborenen sind Leidenschaft und Ausdauer. An allem, an das sie sich emotional gebunden haben, halten sie auch fest.

Willensstärke

Dies gilt für ihr Liebesleben wie auch für Hobbys oder berufliche Ziele. In Ausdauer und

Ehrgeiz sind sie nur noch mit den Steinbock-Geborenen vergleichbar. Doch gehen sie bei der Verwirklichung eines Ideals im Extremfall bis hin zur Selbstzerstörung. Franz Beckenbauer, Charlie Chaplin, Liz Taylor oder Henry Miller haben bei allen Unterschieden doch die unbeirrbare Konsequenz gemeinsam, mit der sie sich aus einfachsten Verhältnissen bis an die absolute Weltspitze emporgearbeitet haben.

Prominente Beispiele

Außerdem verfügen sie sehr oft über ein ausgezeichnetes Gedächtnis, und die Lernfähigkeit bleibt bei aktiven Persönlichkeiten das gesamte Leben erhalten. Sie vergessen ihre Gefühle niemals, vor allem nicht, wenn ihnen jemand einmal aus einer Notlage geholfen hat. Derjenige kann sicher sein, daß Skorpionmond-Geborene keine Gelegenheit auslassen werden, um sich angemessen zu revanchieren.

Ihre außergewöhnliche Empfindungsfähigkeit läßt sie lediglich das zur Kenntnis nehmen, was sie auch wahrnehmen wollen. So können schwierige Zeiten besser überstanden werden. Unerfreuliches wird, wenn nötig, einfach ausgeblendet, als ob es nicht existierte.

Sie lassen sich weder auf Aufgaben noch auf Menschen allzu schnell und intensiv ein. Haben sie jedoch einmal wirklich Feuer gefangen, sind sie zu einer Leidenschaftlichkeit fähig, die keinerlei Kompromisse zuläßt.

Gefühlstiefe

Entwickelte Menschen mit dieser Konstellation verfügen oft über eine außerordentliche Gefühlstiefe, die sie in eine individuelle Symbolsprache übersetzen. Auf diese Weise erklärt sich auch ihr phänomenales Gedächtnis. Sie müssen sich nur daran erinnern, wie sie sich in einer bestimmten Situation gefühlt haben, schon fallen ihnen auch alle anderen Begleitumstände ein. Ihre Überzeugungen und Ideale strahlen sie mit einer Intensität aus, daß schwache Naturen aufpassen müssen, daß sie sich nicht daran verbrennen. Ohne dogmatisch zu sein, sind sie doch in allen Gefühlsdingen klar und eindeutig. Daher weiß man immer, woran man bei ihnen ist.

Intensität

Die Fähigkeit zur Eindeutigkeit ist sicherlich ausgesprochen beneidenswert. Doch leider birgt sie auch die Gefahr in sich, einseitig zu werden und stur an seinen Fehlern festzuhalten. Nichts ist gefährlicher für Skorpionmond-Geborene als Intoleranz und Selbstgerechtigkeit. Aber die Sehnsucht nach Ausgleich schützt die meisten Waage-Geborenen jedoch vor dieser Falle.

☽

Schützemond

Das sind die echten Visionäre unter den Waage-Geborenen, und sie weigern sich standhaft, auch nur einen Gedanken daran zu verschwenden, daß es möglicherweise Probleme ohne eine Lösung geben könnte.

Visionäre

Trotz ihrer Liebe zum Detail fällt es ihnen leicht, große Zusammenhänge zu erkennen, für die den anderen einfach der Blick fehlt. Selbst schwierigste Erfahrungen in der Vergangenheit können sie nicht davon abhalten, unerschütterlich an eine bessere Zukunft zu glauben, und sie tun im Rahmen ihrer Möglichkeiten alles, damit diese auch eintritt.

Häufig haben sie ein ausgeprägtes Interesse an philosophischen und religiösen Themen, solange sie einen praktischen Nutzen darin erkennen können, der sich im täglichen Leben auch umsetzen läßt. Rein theoretische oder abstrakte Überlegungen hingegen empfinden sie als nutzlos.

Viele Menschen mit dieser Konstellation lieben Fernreisen oder haben sogar beruflich mit

Ausland

dem Ausland zu tun. Durch ihre Toleranz haben sie keinerlei Probleme, mit Menschen unterschiedlichster Kulturkreise zurechtzukommen, solange ihr Gegenüber im Gegenzug bereit ist, sie ebenfalls so zu akzeptieren, wie sie nun einmal sind.

Bedingt durch ihre außerordentliche Begeisterungsfähigkeit neigen sie dazu, manchmal sich selbst und ihre Möglichkeiten zu überschätzen. Sie vergessen dann einfach, daß der Tag nur 24 Stunden hat und sie unmöglich all die Versprechungen einlösen können, die sie in ihrer Begeisterung und voll des besten Willens gegeben haben. So wirken sie oft auf andere für eine Weile faszinierend, während sie am Ende dann als Aufschneider dastehen, auf dessen Wort kein Verlaß ist. Derartige Erfahrungen kränken sie tief – trotz aller positiven Weltsicht –, schließlich haben sie es wirklich gut gemeint

Aufgabe

und wollten doch nur helfen. Die größte Herausforderung ist für sie deshalb, sich mit den Begrenzungen der Alltagswirklichkeit abzufinden. Dies fällt ihnen um so schwerer, als sie voller Begeisterung von einer besseren Welt träumen, von der sie in ihren optimistischsten Momenten genau zu wissen glauben, wie diese innerhalb kürzester Zeit herbeizuführen sei.

Der größte Fehler, den man begehen kann, ist, sie als weltfremde Träumer abzutun. Denn wenn jemand die Kraft hat, eine gute, noch nie dagewesene Idee in die Tat umzusetzen, dann sie.

Unterstützung

Um in einem Bereich wirklich den Durchbruch zu schaffen, brauchen sie jedoch die Unterstützung ihres Freundes- und Bekanntenkreises. Nur wenn sie wissen, daß andere an sie glauben, sind sie auch in der Lage, Außergewöhnliches zu leisten, sei es im Beruf oder in irgendeinem anderen Lebensbereich. Fehlt ihnen die Unterstützung durch den Partner und die soziale Umwelt, können Begeisterung und optimistische Weltsicht von einem Moment zum nächsten in tiefe Depressionen umschlagen. Ihre Gefühle sind immer groß, sei es nun Freude oder Verzweiflung; mit Halbheiten geben sie sich nicht ab – und bei ihren Emotionen schon gar nicht.

Doch so schnell, wie sie in das tiefe Loch völliger Niedergeschlagenheit fallen können, so unvermittelt krabbeln sie auch wieder heraus, ohne daß man ihnen auch nur eine Blessur anmerken würde. Schließlich zählt für sie die Vergangenheit (fast) nichts und die Zukunft alles.

Mondfühligkeit

Auffällig ist ihr empfindsames Reagieren auf die Mondphasen. Das gilt insbesondere für den Vollmond, aber auch für den Neumond. In diesen Tagen sollten Schützemond-Geborene nach Möglichkeit Alkohol meiden und keine besonders schwierigen oder riskanten Dinge unternehmen.

Menschen mit einem sparsameren Seelenleben fühlen sich durch den Schützemond oft emotional überfordert – sie sind diesem Ausmaß schnell wechselnder intensivster Emotionen und Ideen einfach nicht gewachsen und fühlen sich manchmal regelrecht erschlagen. Das macht auch für Partner und Lebensgefährten den Umgang mit einem Schützemond gelegentlich ein wenig schwierig. Aber dessen

Lebensmut

Lebensmut ist ansteckend. Denn es ist faszinierend, wie er sich diesem Leben trotz all seiner Schwierigkeiten mit so viel Begeisterung stellt.

☽

Steinbockmond

Waagen legen Wert auf gesellschaftliche Konventionen, diejenigen mit einem Steinbockmond am meisten. Ihnen sind öffentliche Anerkennung und Karriere außerordentlich wichtig. So ergeben sich Ehrgeiz und Zielstrebigkeit fast schon zwangsläufig. Langfristige Planung ist für sie etwas Selbstverständliches, und sie können geduldig warten, bis ihre Zeit gekommen ist. Viele Menschen mit dieser Konstellation nehmen langjährige Ausbildungen und umfangreiche Schulungen in Kauf, um einmal den gesellschaftlichen

Zielstrebigkeit

Status zu erreichen, den sie sich als Ziel gesetzt haben. Immer wieder aber haben Menschen mit der Sonne in der Waage mit Selbstzweifeln zu kämpfen, ob der eingeschlagene Weg auch der richtige ist. Manchmal können dann scheinbar unbedeutende Anlässe dazu führen, daß wichtige Entscheidungen von heute auf morgen rückgängig gemacht werden. Noch wichtiger als bei anderen Waagen ist der seelische Beistand von Freunden, damit die Betroffenen am Ball bleiben.

Auffällig häufig ist hier ein Interesse an gesellschaftlichen, politischen und sozialen Fragen vorhanden, so daß oft auch ein Beruf aus diesem Bereich gewählt wird. So haben zum Beispiel viele besonders fähige Juristen und Sozialarbeiter diese Konstellation.

Berufe

Sie sind die mit Abstand sparsamsten Vertreter ihres Zeichens, Verschwendung, gleich in welcher Form, ist ihnen ein Greuel. Lieber drehen sie jeden Pfennig dreimal um, bevor sie ihr Geld für unnötige Anschaffungen ausgeben. Ihre Mitmenschen werden unter ihrem besonders sorgfältigen Umgang mit den Finanzen jedoch nur in den seltensten Fällen zu leiden haben. Im Gegenteil: Fast immer besitzen sie einige Rücklagen, und sie sind stets bereit, einem Freund, der in wirtschaftlichen Schwierigkeiten steckt, auszuhelfen.

Eine ihrer herausragenden Eigenschaften ist ihr außergewöhnlicher Gerechtigkeitssinn. Von Fairneß halten sie sehr viel – so viel, daß sie auch bereit sind, für deren Durchsetzung persönliche Nachteile in Kauf zu nehmen. Einen Mangel an Konsequenz oder besonderen Egoismus wird ihnen deshalb kaum jemand vorwerfen können.

Gerechtigkeitssinn

Nach außen wirken sie wie stabile, unkomplizierte sowie geradlinige Persönlichkeiten. Ihre oft vorhandene Unsicherheit in Gefühlsdingen merkt man ihnen schwerlich an.

Schließlich sind sie fast immer ordentlich, zuverlässig und systematisch. Das wird von ihrer Umgebung automatisch mit Selbstsicherheit gleichgesetzt. Außenstehende sind davon überzeugt, daß sie ihr Leben fest im Griff haben und immer genau wissen, wo es langgeht.

Feste Regeln

Ihr Leben ist so gut wie immer von einem geregelten Tagesablauf geprägt. Dabei scheinen sie alles Zufällige und Unkalkulierbare aus ihrem Umfeld verbannen zu wollen. Unordnung und die Unwägbarkeiten des Lebens machen ihnen manchmal regelrecht angst.

Die herausragendste und einmalige Fähigkeit der Steinbockmond-Geborenen ist ihre unmittelbare seelische Ankopplung an gesellschaftliche Phänomene und Prozesse. So wird beispielsweise ein Boutiquebesitzer instinktiv wissen, welche Mode die Menschen im nächsten Sommer kaufen wollen, und sich entsprechend einrichten. Ein Buchhändler wird die kommenden Bestseller schon vor ihrem Durchbruch auf Lager haben – und so weiter.

Prominente Beispiele

Das persönliche Empfinden ist einfach sehr stark angekoppelt an das, was gesellschaftliche Norm ist oder bald sein wird. Auch der NS-Propagandaminister Goebbels hatte diese Konstellation. Auf der anderen Seite setzte Papst Johannes XXIII. Maßstäbe, was die Aussöhnung der Menschen im allgemeinen und die der christlichen Kirche im besonderen anging. Der ehemalige Schauspieler Karlheinz Böhm leistet Vorbildliches und Bewundernswertes mit seiner Aktion »Menschen für Menschen« gegen Hunger und Armut in Äthiopien. Hemingway und Fassbinder schufen in ihrem jeweiligen Œuvre Zeitporträts von ungeschönter Präzision. Keiner karikierte meines Erachtens das deutsche und vor allem das bayrische Spießertum treffender als Karl Valentin, während für mich der Maler Max

Ernst in seinem Genre den genauesten Spiegel des Zeitgeistes unseres Jahrhunderts schuf. Diese sehr unterschiedlichen Beispiele wurden ganz bewußt nebeneinandergesetzt: Allen gemeinsam ist die enge Verknüpfung mit gesellschaftlichen Prozessen. Niveau und Verwirklichungsbereich sind selbstverständlich sehr unterschiedlich.

Konsequenz

Neben den Skorpionmond-Geborenen sind Steinbockmonde sicherlich die Menschen mit der größten Konsequenz und Ausdauer in der Verfolgung ihrer Ziele. Sie konzentrieren sich ausschließlich auf das Wesentliche und lassen sich durch nichts und niemanden von ihren Vorsätzen abbringen.

Da sie in ihrem Gefühlsleben ja gleichzeitig »auf der Welle der Zeit« schwimmen, wird es allerdings nicht allzu häufig vorkommen, daß ihnen ernsthaft Steine in die Wege gelegt werden. Selbst eine Marianne Bachmeier kam ja mit einer verblüffend milden Strafe davon, nicht zuletzt wohl deshalb, weil sich der größte Teil der Nation mit ihrem Verhalten identifizieren konnte.

Blockaden

Drei Bereiche, die eng miteinander zusammenhängen, können die persönliche Entwicklung der Steinbockmond-Geborenen blockieren: die Angst vor Gefühlen und emotionaler Geborgenheit, die Hemmung, sich Konflikten sowie unschönen Auseinandersetzungen zu stellen, und die genau aus diesem Grund vorhandene Neigung, allzu intensiven persönlichen Beziehungen aus dem Weg zu gehen.

Die großen Dinge des Lebens sind für sie kein Problem, die kleinen aber schon. So kann einer ein Firmenimperium aufbauen, ohne jemals gelernt zu haben, Mitarbeiter angemessen zu kritisieren und umgekehrt auf deren Kritik einzugehen. Ein anderer mag ein herausragender Wissenschaftler sein, ohne die Zeit zu finden, eine Familie zu gründen. Alles, was mit echten persönlichen zwischenmenschlichen Beziehungen zu tun hat, ist für sie die größte

Aufgabe

Herausforderung überhaupt. Sich auf Menschen einzulassen, ohne daß es klare Spielregeln und Bedienungsanweisungen gibt, verunsichert die Steinbockmond-Geborenen mehr als alles andere – und es verschafft ihnen die größte Befriedigung, wenn es ihnen doch gelingt, über ihren Schatten zu springen.

☽

Wassermannmond

Individualisten

Waagen sind Individualisten, die, die den Mond im Wassermann stehen haben, um so mehr. So können diese ausgeprägten Persönlichkeiten niemanden kaltlassen – entweder man liebt und bewundert sie, oder man hält sie für verschrobene Exzentriker, die sich hinter einer scheinbar harmlosen Fassade verstecken. In der Tat ist der Umgang mit ihnen nicht immer leicht: Dinge, die sie gestern noch begeistert haben, können ihnen heute völlig gleichgültig sein. Diese oftmals sprunghaften Stimmungswechsel und Einstellungsänderungen sind ihre Stärke und nur selten eine Schwäche. Denn immer sind sie auf der Suche nach dem Neuen, Außergewöhnlichen und Originellen. Alltägliches gibt es schließlich schon genug, und sie sind nicht auf dieser Welt, um sich mit Trivialitäten abzugeben. So haben denn auch viele Künstler und Lebenskünstler diese Konstellation. Da sie in hohem Maße von ihren Stimmungen abhängig sind und aus diesen auch ihre besondere Kreativität beziehen, können sich nur wenige an einen geregelten Tagesablauf gewöhnen. Das macht ihnen die Arbeit in einem normalen Beruf natürlich nicht leicht, und wann immer möglich, werden sie sich eine Tätigkeit wählen, die ihnen größtmöglichen Freiraum in der Gestaltung ihrer Arbeitszeit läßt. So wichtig ihnen ihr persönlicher Freiraum auch ist, so liegt den höherentwickelten Persönlichkeiten doch viel daran, sich diesen nicht auf Kosten anderer zu verschaffen. Sie möchten nicht nur einfach ihr »eigenes Ding« machen, sie sind auch fast immer bestrebt, mit ihren originellen Fähigkeiten die Welt oder doch zumindest ihre persönliche Umgebung ein wenig menschlicher, bunter und phantasievoller zu machen.

Stimmungsabhängigkeit

Oft besitzen Menschen mit einem Wassermannmond ein ausgesprochen komisches Talent, das ihr Publikum auf unterhaltsame Weise zum Nachdenken anregt. Sie verfügen über die natürliche Gabe, sich über eine Situation zu stellen, Angriffe und Kritik an sich abperlen zu lassen und so zu tun, als ob jemand ganz anderer gemeint wäre. In den meisten Fällen reicht das schon, um den Gegner ins Leere laufen zu lassen.

Komisches Talent

Wer unter dieser Konstellation geboren wurde, für den ist nicht das Außergewöhnliche, sondern der Alltag eine echte Herausforderung – zum Beispiel Rechnungen pünktlich zu bezahlen oder den Garten in Ordnung zu halten.

☽

Fischemond

Wenn Sie eine Waage kennen, aus der Sie auch nach langer Zeit und trotz ernsthaften Bemühens einfach nicht schlau werden, ist die Wahrscheinlichkeit hoch, daß ihr Mond in den Fischen steht. Das ist auch weiter kein Wunder, denn in der Regel sind diese Menschen sich selbst ein Rätsel. Und wenn sie sich selbst schon nicht begreifen, wie sollen es dann erst andere können?

Ihre Stärke ist, daß sie – darin sind sie den Schützemond-Geborenen ähnlich – für so ziemlich alles und jeden Verständnis aufbringen können, allerdings ohne daß sie deshalb immer automatisch damit einverstanden wären. Da sie gleichzeitig auch gute Zuhörer sind, fühlt sich ihr Gegenüber verstanden und kann selbst Kritik akzeptieren, ohne sich verletzt zu fühlen.

Verständnis

Ihre größte Schwierigkeit im Umgang mit sich selbst ist hingegen, daß sie im Leben immer wieder Phasen durchlaufen, in denen sie beim besten Willen nicht wissen, was sie wollen – das aber mit aller Macht. In solchen Perioden sind sie ruhelos, grüblerisch und mit sich und der Welt zutiefst unzufrieden. Wann immer es möglich ist, sollten sie in solchen Zeiten eine kreative Pause einlegen und sich an einen Ort zurückziehen, wo sie ungestört ihren Gedanken nachhängen können. Je mehr es ihnen gelingt, abzuschalten und sich von dem Zwang, immer etwas tun zu müssen, zu befreien, um so schneller werden sie ihre innere Klarheit zurückgewinnen. Voller neuer

Ideen und mit frischem Elan kehren sie dann wieder in die Alltagswelt zurück.

Sensibilität

Überhaupt besitzen diese Menschen eine ganz außerordentliche Sensibilität in Verbindung mit einem scheinbar unerschöpflichen seelischen Energiereservoir. Mehr als andere neigen sie deshalb auch dazu, sich bis zur völligen Erschöpfung zu verausgaben. Schon allein aus diesem Grund sind regelmäßige Erholungsphasen und Rückzugsmöglichkeiten dringend notwendig.

Höherentwickelten Persönlichkeiten ist – trotz der durchaus häufig vorhandenen Heimatliebe – jede Form von Stammtischpatriotismus fremd. Kulturelle und soziale Unterschiede sind ihnen nicht so wichtig, auch wenn sie die damit verbundenen Probleme im

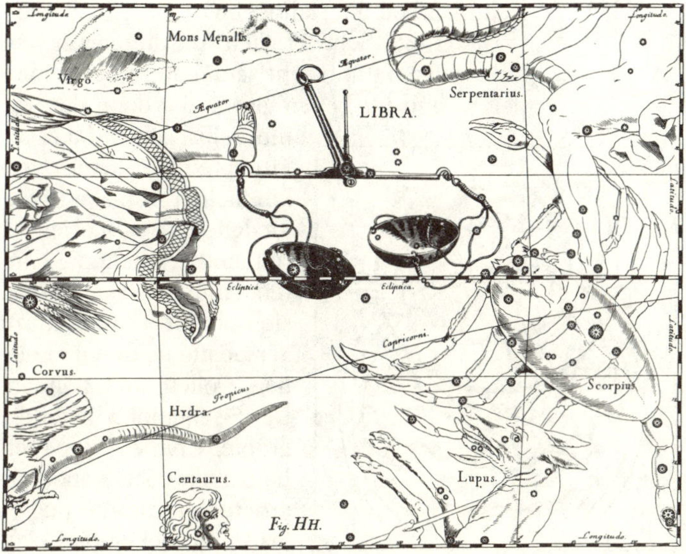

praktischen Leben durchaus sehen. Für sie persönlich zählen jedoch ausschließlich der Charakter eines Menschen und nicht seine Herkunft oder sein Bildungsgrad.

Zu Menschen, die ihnen nicht liegen, suchen sie eine höfliche Distanz, aus der jeder ungestört seine eigenen Wege gehen kann. Offenem Streit oder aggressiven Auseinandersetzungen stellen sie sich nur, wenn sich dies überhaupt nicht vermeiden läßt. Das bedeutet mitnichten, daß sie feige wären, doch in der Regel sind sie einfach davon überzeugt, daß es produktivere Möglichkeiten gibt, Meinungsverschiedenheiten auszutragen, als sich zu bekämpfen.

Phantasie

Neben der außergewöhnlichen Phantasie und der so gut wie immer vorhandenen künstlerischen Begabung besitzen sie auch eine starke Intuition. Kaum jemand versteht es besser, zur richtigen Zeit am richtigen Ort zu sein, als sie.

Die größte Schwierigkeit mit dieser Konstellation mag die Einsicht sein, daß es keinen anderen Sinn im Leben gibt außer dem, den wir ihm selbst geben. Da es für Fischemonde keine verbindlichen Vorgaben gibt, an denen sie sich orientieren und festhalten könnten, müssen sie lernen, sich selbst die Welt zu »erschaffen«, in der sie leben wollen und können. Der Fischemond bietet die größte Chance zur Freiheit, aber er stellt auch die größte Herausforderung aller Mondzeichen dar.

Was kommt auf die Waage zu?

Welcher Tag wofür geeignet ist

Ein wichtiger Bereich der Astrologie ist die Prognose, also die »Vorhersage« zukünftiger Ereignisse. Viele Astrologen machen keine Prognosen mehr, weil sie meinen, damit seriöser zu wirken und bei ihren Gegnern eher anerkannt zu werden. Ich habe allerdings den Verdacht, daß die meisten vor Zukunftsdeutungen zurückschrecken, weil sie dies einfach nicht können. So versucht also mancher, aus der Not eine Tugend zu machen. Nützen tut dies niemandem. Kein Astrologiegegner läßt sich bekehren, weil manche Astrologen keine Prognosen mehr machen. Und wer die Dienste eines Astrologen beansprucht, möchte im allgemeinen doch etwas über seine Zukunft erfahren. Auch Meister der Astrologie geben zu, daß nicht jede Vorhersage exakt eintrifft. Das ist aber weder schlimm noch ein auf die Astrologie begrenztes Phänomen: Die Leistungen der modernen Meteorologie sind unbestritten, und dennoch kann es immer wieder passieren, daß man beispielsweise im Auto sitzt und den Wetterbericht hört, dem zufolge es besonders schön sein soll, während man die Scheibenwischer laufen läßt, weil es draußen in Strömen schüttet. Und es gibt viele Menschen, die gesund und munter sind, obwohl ihnen ein Arzt vor Jahren nur noch wenige Wochen Lebenserwartung prophezeit hat.

Prognose

Astrologen sind keine Wahrsager, und unfehlbar sind sie schon gar nicht. Diese Eigenschaften teilen sie mit den meisten anderen Menschen. Trotzdem ist die Bestimmung der Chancen und Risiken zukünftiger Ereignisse sinnvoll und nützlich. So mancher liebeskranke Jüngling würde viel darum geben, wenn er den Tag wüßte, an dem die Aussichten, bei seiner Angebeteten Gehör zu finden, am größten sind. Sicherlich würde er auch hinnehmen, daß er sich eventuell noch ein Weilchen gedulden muß. Um so mehr, wenn ihm bewußt ist, daß übereiltes Handeln alles verpatzen könnte oder seine Herzdame gar in die Arme eines anderen treibt.

Bestimmung der Chancen

Genau das kann die Astrologie leisten: zu bestimmen, wann Ihre Chancen, erfolgreich zu sein, besonders gut sind und wann man von etwas besser die Finger läßt. Dies ist sogar so einfach, daß man kein Experte sein muß, um günstige und kritische Tage zu bestimmen. Und so geht's:

Als erstes benötigen wir den Geburtstag des Menschen, für den wir die Prognose machen wollen. Nehmen wir als Beispieldatum den 10.4., das Geburtsjahr spielt keine Rolle.

Begegnungszeitraum

6 Monate nach dem Geburtstag finden Sie den Begegnungszeitraum. Das ist in unserem Beispiel der 10.10. plus/minus 5 Tage, also vom 5. bis zum 15.10. Dies ist die günstigste Zeit im Jahr, um jemanden kennenzulernen, sich mit anderen auszusöhnen oder einfach etwas mit den Menschen zu unternehmen, die einem am meisten bedeuten. Je mehr Sie sich in diesen Tagen auf andere statt auf sich selbst konzentrieren, um so mehr werden Sie von dieser Zeit profitieren. *Die für Sie persönlich günstigsten Zeiträume finden Sie 4 und 8 Monate nach dem Geburtstag.* In unserem Beispiel wären dies also der 10.8. und der 10.12. Auch hier gilt wie in allen anderen Fällen ein Zeitraum von plus/minus 5 Tagen. Alles, was Sie jetzt beginnen, hat größere Chancen als sonst, zu einem erfolgreichen Ergebnis zu gelangen. Passieren wird in diesen Phasen allerdings nur selten etwas Außergewöhnliches. Hier gilt das englische Sprichwort: »No news is good news« (Keine [schlechten] Nachrichten sind gute Nachrichten). Diese Konstellation wirkt sich genau umgekehrt aus wie die 3 und 9 Monate nach dem Geburtstag.

Persönlich günstiger Zeitraum

Schließlich sollen noch zwei Zeiträume genannt werden, die besonders für berufliche und geschäftliche Reisen geeignet sind. Sie eignen sich auch bevorzugt für Verhandlungen und Gespräche, Veränderungen in der Wohnung oder am Haus sowie für das Zusammentreffen mit Freunden oder Geschäftspartnern. Die Daten sind 2 und 10 Monate nach dem Geburtstag. In unserem Beispiel wären das der 10.6. und der 10.2.

Beruf und Reise

Da sich diese Daten jedes Jahr wiederholen, genügt es, sie einmal zu berechnen und zu notieren. Wenn Sie die hier gemachten Aussagen mit den Ereignissen in Ihrer persönlichen Vergangenheit überprüfen, werden Sie mit Sicherheit feststellen, daß sich so häufig treffende Übereinstimmungen ergeben, daß schon böser Wille oder Ignoranz notwendig sind, um hier noch von »reinem Zufall« sprechen zu können. Eine besonders kritische Zeit, in der Sie besser keine wichtigen Entscheidungen treffen und an denen Sie nicht unnötig Riskantes unternehmen sollten, ist *3 Monate nach*

Kritische Zeit

dem Geburtstag. Da der April der 4. Monat im Jahr ist, rechnen wir einfach 4 + 3 und kommen so auf den 10.7. Die Zeit 5 Tage vor bis 5 Tage nach diesem Datum ist nun ein Zeitraum, während dessen besondere Vorsicht angebracht ist.

Die gleiche Konstellation gilt *9 Monate nach dem Geburtstag.* Bei unserem Beispieldatum wäre dies der 10.1., 4 + 9 = 13. Auch hier gilt wieder der Zeitraum plus/minus 5 Tage, somit der 5. bis 15.1.

Auf diese Weise haben Sie einfach und zuverlässig die beiden Zeiträume im Jahr bestimmt, in denen Sie besser nicht aktiv werden sollten, weil die Gefahr, Fehler zu machen, größer als sonst ist. Diese beiden Daten sind jedoch nicht durchweg problematisch, das gilt nur für das eigene Handeln und für Entscheidungen von großer Tragweite.

Positive Ereignisse

Dafür sind die Chancen, daß Ihnen Positives widerfährt, höher als sonst. Das mag wie ein Widerspruch klingen, ist es aber nicht: In den genannten Zeiträumen hat schon mancher eine Gehaltserhöhung bekommen, oder er erhielt einen wichtigen Brief, auf den er schon lange gewartet hatte. Möglicherweise schenkt Ihnen jemand etwas, oder Sie finden einen verlorengegangenen Gegenstand wieder. All dies sind jedoch Vorgänge, die Sie nicht direkt beeinflussen können. Man erlebt sie als glückliche Zufälle oder als das Ergebnis von Aktivitäten, die schon zurückliegen. Je offener Sie sind, je mehr Sie bereit sind, in diesen Tagen die Dinge einfach auf sich zukommen zu lassen, um so größer ist die Chance, daß aus Unglückstagen Glückstage werden.

Genauere Aussagen lassen sich gewinnen, wenn Sie berücksichtigen, daß die Konstellationen in den meisten Fällen am stärksten am berechneten Datum bis 2 Tage danach »wirken«. In unserem Beispiel wären das also der 10. bis 12. in den jeweiligen Monaten.

Glücks- und Unglückszahlen

Diese Aussagen lassen sich wiederum präzisieren, wenn Sie die im übernächsten Abschnitt beschriebenen persönlichen Glücks- und Unglückszahlen mit einbeziehen. Hierzu müssen Sie lediglich das Datum in eine ein- und eine zweistellige Zahl verwandeln. Greifen wir wieder auf unser Beispiel zurück und wählen den 10.10.1997. (Bei dieser Rechnung muß die Jahreszahl mit einbezogen werden.) Um zu einer ein- und einer zweistelligen Zahl zu gelangen, müssen Sie lediglich die Quersumme des Datums bilden, das heißt die einzelnen Ziffern addieren: 1 + 1 + 1 + 9 + 9 + 7 = 28; 2 + 8 = 10; 1 + 0 = 1. Der 10.10.1997 ergibt also zwei zweistellige und eine einstellige Zahl: 10, 28 und 1. Jetzt müssen Sie lediglich nachschauen, ob eine dieser Zahlen zu Ihren persönlichen Glücks- oder Unglücksdaten gehört. Da in unserem Beispiel der 10.10. der Stichtag des persönlichen Begegnungszeitraumes ist, ergeben sich folgende Deutungen:

- *Glückszahl:* deutlich erhöhte Wahrscheinlichkeit für positive zwischenmenschliche Kontakte und angenehme Erlebnisse im Partnerschaftsbereich;
- *Unglückszahl:* deutlich erhöhte Wahrscheinlichkeit für wichtige Erlebnisse im Begegnungsbereich, die jedoch nicht frei von Spannungen und Konflikten sein werden;

- *keine Zahl:* allgemein erhöhte Ereigniswahrscheinlichkeit im Begegnungsbereich, die jedoch nicht annähernd so groß ist wie die Auslösung durch Glücks- oder Unglückszahlen.

Wer es genau wissen möchte, berechnet die Zahlen für den gesamten Ereigniszeitraum.

Diese Technik ist sehr einfach. Überprüfen Sie einige Ereignisse der Vergangenheit, und machen Sie sich ein eigenes Bild von ihrer Treffsicherheit. Die besten Entsprechungen werden Sie bei der Übereinstimmung mit persönlichen Unglücks- oder Glückszahlen finden, die auf den Stichtag plus/minus zwei Tage fallen.

Was die Waage im Lauf des Jahres erwartet

Vorhersage

Wohl jeder würde gern wissen, was die nächste Zukunft für ihn bereithält, erst recht, wenn er sich für Astrologie interessiert. Um eine allgemeine Übersicht zu erhalten, gibt es eine sehr einfache und effektive Methode: Merken Sie sich genau die Ereignisse am Tag vor Ihrem Geburtstag, am Geburtstag selbst und einen Tag nach dem Geburtstag. So, wie es Ihnen an diesen Tagen im kleinen geht, so verläuft im großen das darauffolgende Lebensjahr. Das heißt, der Tag vor dem Geburtstag entspricht dem ersten Jahresdrittel, der Geburtstag dem zweiten und der Tag nach dem Geburtstag dem dritten.

Ein Beispiel aus der Praxis: Ein junger Mann fiel bei Reparaturarbeiten an seinem Haus

Der Astronomus.

So bin ich ein Astronomus/
Erkenn zukünfftig Finsternuß/
An Sonn und Mond/durch das Gestirn
Darauß kan ich denn practiciern/
Ob künfftig komm ein fruchtbar jar
Oder Theuwrung und Kriegßgefahr/
Und sonst manicherley Kranckheit/
Milesius den anfang geit.

Astronomus: Bild von Jost Amman und Vers von Hans Sachs aus »Eygentl. Beschreibung Aller Stände auff Erden«, Frankfurt 1568 einen Tag vor seinem Geburtstag von einer Leiter und verstauchte sich ein Fußgelenk. Am Geburtstag mußte er gegen seine ursprüngliche Absicht arbeiten, da ein Kollege krank geworden war. Als er später heimkam, um mit seiner Frau endlich zu feiern, war er so überreizt, daß es zum Streit kam und der ganze Abend verdorben war. Am darauffolgenden Tag sorgte er dafür, daß er früher als sonst heim konnte. Er versöhnte sich mit seiner Frau, die beiden beschlossen spontan, den Abend nachzufeiern. Sie gingen aus und verstanden sich so gut wie schon lange nicht mehr. Der Streit war vergessen und begraben.

Beispiel

Zwei Monate später zog sich der junge Mann beim Skilaufen einen komplizierten Beinbruch zu, der ihn für sechs Monate arbeitsunfähig machte. Die ganze Zeit über war unklar, ob sein Bein wieder vollständig gesunden würde. Zusätzlich bedrückte ihn die Sorge um seinen Arbeitsplatz. Die erzwungene Untätigkeit und die Ungewißheit setzten ihm so zu, daß er phasenweise trank und das Verhältnis zu seiner Frau immer schlechter wurde. Im zweiten Jahresdrittel entlud sich die angespannte Situation in einem schlimmen Ehekrach. Nervlich am Ende und unter Alkoholeinfluß schlug er sogar seine Frau, was ihm sonst nie in den Sinn gekommen wäre. Noch am selben Abend zog diese zu einer Freundin. Der junge Mann verfiel jetzt kurzzeitig vollständig dem Alkohol. Er änderte seine Lebensweise jedoch radikal, als der Gips entfernt wurde und sich zeigte, daß sein Bein vollständig verheilt war. Er hatte nicht, wie befürchtet, seinen Arbeitsplatz verloren. Sofort stellte er seinen übermäßigen Alkoholkonsum ein. All dies gab ihm die Kraft, einzusehen, in welchem Maße er selbst zu der traurigen Entwicklung in seiner Ehe beigetragen hatte. Er bemühte sich darum, seine Frau zurückzugewinnen, was ihm auch schließlich gelang. Drei Monate vor seinem Geburtstag kam es zu einem ausgedehnten Treffen zwischen beiden, bei dem sie zum erstenmal offen über die Probleme in ihrer Ehe sprachen. Nach der Aussöhnung verstanden sich beide besser als je zuvor.

Zugegeben, nicht immer sind die Entsprechungen so offensichtlich wie in diesem Bilderbuchbeispiel. Aber glücklicherweise werden wir ja auch nicht jedes Lebensjahr von solch dramatischen Ereignissen gebeutelt. Wer sich die Mühe macht und die Ereignisse um vergangene Geburtstage mit denen der darauffolgenden Lebensjahre vergleicht, lernt schnell, diese Zusammenhänge zu sehen und zu verstehen. Mit ein wenig Kreativität können Sie dann auch Ihren letzten Geburtstag untersuchen und eine Prognose für das laufende Lebensjahr wagen. Wer es noch genauer wissen möchte, der sei auf den nachfolgenden Abschnitt verwiesen.

Zusammenhänge verstehen

Nur einen Fehler sollten Sie unbedingt vermeiden: Lassen Sie sich nicht ins Bockshorn jagen, Bangemachen gilt nicht. Verderben Sie sich nicht zukünftige Geburtstage durch die Angst vor jedem noch so kleinen Mißklang! Wer derartige Zusammenhänge zu ernsthaft und besorgt betrachtet, geht in die Falle lebensfeindlichen Aberglaubens. Das ist nicht der Sinn der Sache. Eine neugierig-humorvolle Herangehensweise ist hier sicherlich das beste Gegenmittel.

Aberglaube

Die persönlichen Glücks- und Unglückszahlen

Die Glückszahl der Waage (wie des Stiers) ist die 5. Das gilt auch für alle Zahlen, die auf die Ziffer 5 enden, sowie deren Vielfache. Das heißt, für Waage-Geborene sind zum Beispiel das 5., das 10., das 15., das 20., das 25. und das 55. Lebensjahr von entscheidender Bedeutung, meist im positiven Sinne.

Günstige Tage

Wer möchte, kann diese Entsprechungen auf die Tage eines Monats anwenden. Hier wären also der 5., der 15. und der 25. besonders günstig. Von noch größerem Vorteil ist es, wenn ein solches Datum auf einen Freitag fällt.

Eine weitere Steigerung ist möglich, wenn die Quersumme des untersuchten Datums ebenfalls 5 beträgt. Die Quersumme finden wir, wie gesagt, indem wir die Ziffern eines Datums einfach zusammenzählen. Beispiel: 5.1.1970 = 5 + 1 + 1 + 9 + 7 + 0 = 23; 2 + 3 = 5.

Natürlich läßt sich dieses Spiel auch auf Autonummern, Hausnummern oder die Zahlen anwenden, auf die man beim Roulette setzt. Allerdings kann man alles so übertreiben, daß aus einer guten Sache eine schlechte wird.

Unglückszahlen

Unglückszahlen der Waage sind die 1, die 4 und die 11. Die Anwendungsregeln sind die gleichen wie bei den Glückszahlen. Auch hier sollte man Übertreibungen vermeiden. Nur eine ausgesprochen dumme Waage läßt sich etwa den Partner ihrer Träume durch die Lappen gehen, weil dieser etwa zum Zeitpunkt des Kennenlernens 33 (= 3 × 11) Jahre alt ist.

Der aufmerksame Leser wird bemerkt haben, daß es Zahlen geben muß, die gleichzeitig Glücks- und Unglückszahlen sind, zum Beispiel 65 oder 55. Hier ist anzumerken, daß die Quersumme immer bedeutsamer ist als die letzte Ziffer. 65 und 55 sind also eher ungünstig zu bewerten.

Ergänzungs- und Begegnungszahlen

Zu guter Letzt sollen in diesem Zusammenhang noch die Ergänzungs- oder Begegnungszahlen erwähnt werden. Diese sind bei der Waage die 10 und die 17. Alle Daten, die auf 17 enden und/oder als Quersumme 17 ergeben, sind für Begegnungen und zwischenmenschliche Kontakte aller Art besonders geeignet.

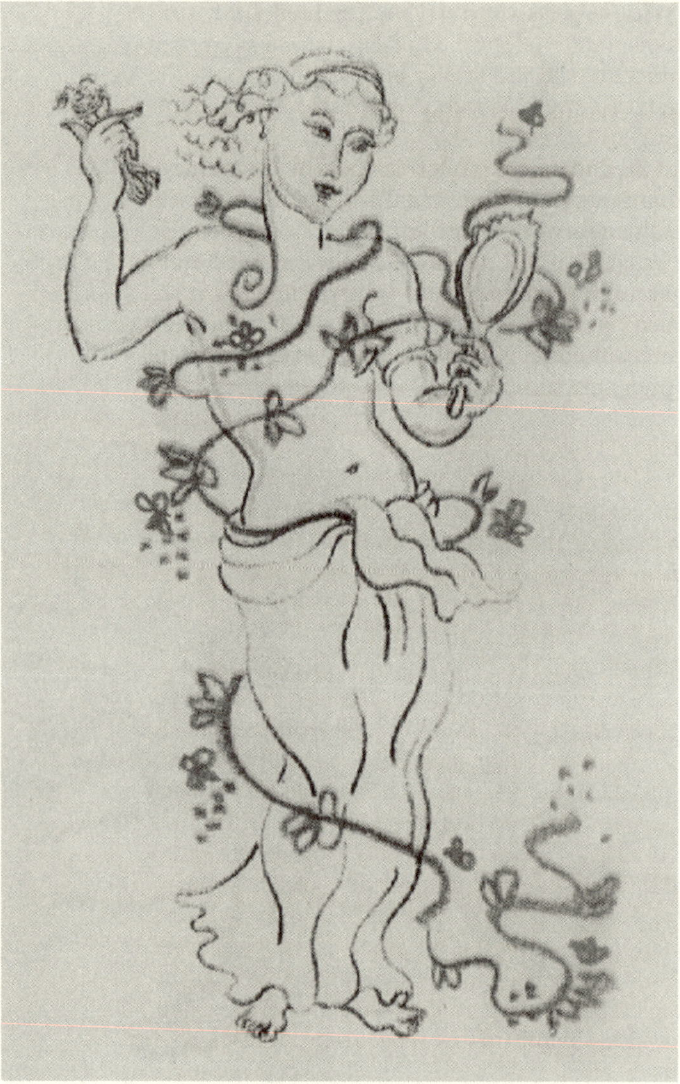

Venus regiert die Zeichen Waage und Stier

Die Waage und ihr Umfeld

Die Waage und die anderen

Kein anderes Tierkreiszeichen hat einen so starken Bezug zu seiner Umwelt wie dieses. In Abwandlung des berühmten Ausspruchs »Ich denke, also bin ich« von Descartes ließe sich von der Waage treffend sagen: »Ich begegne, also bin ich.« Ihre Beziehungen zu Freunden, Bekannten, Partnern und in gewissen Grenzen auch zur Familie haben eine so essentielle Bedeutung, daß Waagen mit ihnen alles und ohne sie nichts sind.

Freundschaften und Beziehungen

Dabei zeigen sich Waagen nicht immer und in besonderer Weise gesellig – wie etwa die Stiere –, ihnen ist vielmehr jeder einzelne Kontakt wichtig, und oft können sie ihn am besten im kleinen Kreis oder zu zweit genießen. Die Menschen in ihrer unmittelbaren Umgebung, ihre Nachbarn und Arbeitskollegen, werden selten etwas Negatives über sie zu sagen haben. Den Waage-Geborenen liegt ja auch viel daran, sich keine Feinde zu schaffen, denn sie wollen nach Möglichkeit mit jedermann gut auskommen. Leben und leben lassen, so lautet ihre Devise. Soweit wie möglich vermeiden sie es deshalb, andere zu provozieren oder Ansichten zu äußern, mit denen sie auf Widerspruch stoßen. Lieber lächeln sie charmant und äußern irgendeine Belanglosigkeit, zu der sich ihr Gegenüber denken kann, was es mag. Zwar sind sie seelisch alles andere als immer in der Balance, doch davon merken nur diejenigen etwas, die ihnen ganz besonders nahestehen. Sie können schon einmal in Wut ausbrechen oder beleidigt reagieren, vor allem wenn sie in ihrem Selbstwertgefühl gekränkt sind. Nach außen hin werden sie sich jedoch so gut wie immer ausgeglichen und freundlich geben.

Gespräche

Die meisten von ihnen unterhalten sich gern, und wer ein kurzweiliges und nicht allzu tiefgründiges Gespräch sucht, ist bei ihnen immer bestens aufgehoben. Man muß schon genau hinhören, um zu merken, daß sie am liebsten über sich selbst reden. Doch auch dieses tun sie so geschickt und unterhaltsam, daß man ihnen das großzügig nachsieht. Außerdem sind sie durchaus fähig und bereit, anderen zuzuhören. Daher verzeiht man ihnen ihre gelegentlich ein wenig selbstgefälligen Untertöne gern.

Die wenigsten Waage-Menschen sind zu harter Arbeit geboren. Von Übertreibungen halten sie überhaupt nichts, und so leiden auch nur wenige von ihnen unter krankhaftem Ehrgeiz. Sie wollen für sich, ihre Hobbys sowie ihre privaten Interessen und natürlich für ihren Freundes- und Bekanntenkreis genügend Zeit haben, und das ist vielen von ihnen wichtiger als eine Karriere, die ihre ganze Kraft und Energie kosten würde.

Hilfsbereitschaft

Wenn man sie um einen Gefallen bittet, sind sie immer gern bereit auszuhelfen, solange sie nicht den Eindruck haben, daß man sie ausnützt.

Allerdings fällt es ihnen ausgesprochen schwer, nein zu sagen, und so versprechen sie notgedrungen manchmal mehr, als sie halten können. Gelegentlich vergessen sie auch einfach Vereinbarungen. So kommen sie bei manchen Kleingeistern in den Ruf, unzuverlässig zu sein.

Je nach Entwicklungsniveau mag dies auch tatsächlich für den einen oder anderen Fall zutreffen, in wirklich wichtigen Dingen kann man sich jedoch in aller Regel hundertprozentig auf sie verlassen. Echte Freunde sind ihnen viel zu wichtig und kostbar, als daß sie das Risiko eingingen, sie ohne ernsthaften Grund zu brüskieren.

Zuverlässigkeit

Am liebsten beschäftigen sie sich zusammen mit Freunden und Bekannten mit den angenehmen Seiten des Lebens, vor allem dem Waage-Thema »Wein, Weib und Gesang«. Um Probleme braucht man sich nicht zu kümmern, die ergeben sich schließlich schon von allein, meinen sie.

Dort, wo sie sich wohl fühlen, richten sie es sich behaglich ein. Das gilt für ihr Zuhause, ihre Partnerschaften, den Freundeskreis und auch den Arbeitsplatz. Und da, wo sie es sich bequem gemacht haben, bleiben sie auch gern. Grundsätzliche Veränderungen in ihrem Leben nehmen sie nur als Folge schwerer Krisen vor, bis sie sich einen neuen angenehmen Rahmen geschaffen haben, in dem sie sich zufrieden räkeln können.

Beständigkeit

So entwickeln sich die meisten Waagen spätestens in der zweiten Lebenshälfte zu treuen Partnern. Nicht unbedingt deshalb, weil sie das Interesse am anderen Geschlecht verloren hätten, sondern einfach, weil sie zu bequem sind, in fremden Revieren zu wildern, und sie schließlich daheim alles haben, was sie brauchen.

Wie kann's die Waage mit den übrigen Tierkreiszeichen?

Entgegen der allgemein verbreiteten Meinung gibt es keine bestimmten Tierkreiszeichen, die automatisch gut zusammenpassen, während sich andere überhaupt nicht verstehen. Dies liegt nicht nur daran, daß unser Sonnenzeichen nur *ein* Aspekt unter vielen in unserem Horoskop ist. Entscheidend ist ganz einfach der gute Wille zweier Menschen: Ein Liebespaar, das glücklich verliebt ist, wird sich kaum darum scheren, ob es aus astrologischer Sicht miteinander harmoniert oder nicht. Umgekehrt können Menschen Todfeinde sein, die der Theorie nach doch gut zusammenpassen müßten. Dennoch sind allgemeine Hinweise sinnvoll und nützlich, um feststellen zu können, wo Stolpersteine im Umgang miteinander liegen können und wo es besondere Chancen gibt.

♎ – ♈

Waage – Widder

Wenn zwei Tierkreiszeichen wie füreinander geschaffen sind, dann diese. Der Widder als Einzelkämpfer sehnt sich nach einem hingebungsvollen, romantischen und begegnungsorientierten Partner. Die Waage wünscht sich ein temperamentvolles Gegenüber, das den Herausforderungen des Lebens entschlossen entgegentritt. Beide glauben fest daran, daß die wahre Liebe alle Hindernisse überwindet. Und für diese Konstellation ist das auch bestimmt richtig.

Wahre Liebe

Unterschiedliche Persönlichkeiten

Mag sein, daß ihre Freunde und Bekannten über die beiden ungläubig den Kopf schütteln und sich fragen, was zwei so unterschiedliche Menschen nur aneinander finden können, der eine forsch und draufgängerisch, der andere vorsichtig und harmoniesüchtig. Doch gilt für die beiden das Sprichwort »Gegensätze ziehen sich an« in uneingeschränktem Maße. Sie passen tatsächlich zusammen wie der Schlüssel und das Schloß. So nimmt es auch nicht wunder, daß hier die Liebe auf den ersten Blick öfter vorkommt als bei anderen Tierkreiszeichen. Man kann sogar sagen, daß sich solche Paare entweder auf Anhieb hervorragend verstehen oder gar nicht. Zwar mag es aus verschiedenen Gründen eine Weile dauern, bis die beiden endgültig zueinanderfinden, doch ist die Entscheidung in Wirklichkeit schon beim ersten Zusammentreffen gefallen. Mag sein, daß die Waage auf etwaige Eroberungsversuche des Widders erst einmal zurückhaltend reagiert, doch liegt dies nur in den seltensten Fällen daran, daß seine Gefühle nicht erwidert werden. Im Gegenteil: Sie möchte davon überzeugt sein, daß die Gefühle des Widders von Dauer sind.

Echte Partnerschaften zwischen diesen Zeichen

sind so gut wie immer ausgesprochen leidenschaftlich. Dies schließt natürlich Auseinandersetzungen, Streit und Eifersucht mit ein. Doch gefährdet das die Partnerschaft keineswegs, vielmehr intensiviert es die Gefühle füreinander noch.

Intensive Gefühle

Am besten verstehen sich die beiden, wenn sie miteinander allein sind. Nur selten wird sich der Freundeskreis des Widder-Partners mit dem der Waage verstehen und umgekehrt, dafür sind die zwei – aus der Sicht Außenstehender – einfach zu verschieden. Doch das ist weiter kein Problem, da die beiden ihre gemeinsame Zeit so intensiv wie möglich nutzen möchten, und da wären Dritte nur störend.

Im Laufe der Jahre schafft sich das Paar einen neuen, gemeinsamen Freundeskreis, doch ist es für eine harmonische Partnerschaft auch wichtig, daß keiner der beiden seine alten Bekanntschaften aufgibt. Das verhindert, daß sich die zwei zu sehr aneinander anpassen. Auf diese Weise kann eine Beziehung noch nach vielen Jahren so intensiv und temperamentvoll wie am Anfang sein.

♎ – ♉

Waage – Stier

Hier treffen zwei von der Venus beherrschte Zeichen aufeinander. Dennoch scheinen die echten Gemeinsamkeiten sich bereits in dieser Tatsache zu erschöpfen. Stiere und Waagen sind sich von ihrem Wesen her eher fremd. Doch das Fremde macht bekanntlich auch neugierig. Mit ein wenig gutem Willen können sich

Fremdheit

die beiden Partner hervorragend ergänzen, wenn erst einmal genügend Verständnis füreinander aufgebaut wurde.

Unterschiede

Waagen unterliegen häufig dem Irrtum, sich den Stieren gegenüber überlegen zu fühlen, da diese ihnen ein wenig langsam und hausbacken vorkommen. Es braucht eine Weile, bis sie merken, daß sie vielleicht schneller und eleganter handeln, aber nicht unbedingt effektiver. Wo die Waage spontan reagiert, überlegt der Stier erst und erreicht deswegen mit weniger Aufwand oft mehr.

Aufgaben

Für eine erfolgreiche Partnerschaft muß der Waage-Partner lernen, seinen Hang zur Selbstgefälligkeit zu überwinden, um unnötige und belastende Auseinandersetzungen zu vermeiden. Insbesondere in der Anfangszeit hat der Stier oft die Tendenz, die Waage regelrecht anzuhimmeln, kommt sie ihm doch viel weltgewandter, eleganter und moderner vor, als er sich selbst sieht. Die Waage sollte nicht in diese Falle gehen und sich allzusehr in ihrer Eitelkeit sonnen. Der Stier merkt schnell, daß auch hier nicht alles Gold ist, was glänzt, und die Waage im Zweifel die schöne Illusion einer tristen Realität vorzieht. Wunschdenken und Wirklichkeit können dann nahtlos ineinander übergehen. Stiere, die sich hier zu lange blenden ließen, ziehen sich manchmal enttäuscht und verbittert zurück. Sie fühlen sich hintergangen und betrogen. Schon aus diesem Grunde sollte der Waage-Partner nicht allzu dick auftragen – es wird ihm wesentlich mehr schaden als nützen.

Die Waage wiederum ist gefordert, sich von der Sturheit des Stiers nicht einschüchtern zu lassen. Sie ist regelrecht »harmoniesüchtig«

und kann Spannungen nur schwer ertragen. Dem Stier macht das nichts aus, zumindest nicht genug, als daß er auch nur im Traum daran dächte, nachzugeben, wenn er sich im Recht fühlt. Um des lieben Friedens willen wird hier fast immer die Waage nachgeben und der Stier daher die Beziehung entsprechend dominieren.

Waagen sind Luftzeichen, sie möchten die Dinge möglichst mit leichter Hand angehen. Alles soll unkompliziert und vor allem nicht anstrengend sein. Das erscheint dem Stier manchmal ein wenig oberflächlich. Zwar weiß er die angenehmen Seiten des Lebens durchaus zu schätzen, aber er hat auch erkannt, daß die Götter vor den Erfolg den Schweiß gesetzt haben. Er baut keine Luftschlösser, er packt an, wo es notwendig ist.

Überwindung

Wenn beide fähig und willens sind, diese Klippen zu umschiffen, können sich in dieser Verbindung Ästhetik und Sorgfalt, Eleganz und Gründlichkeit auf faszinierende Weise ergänzen. Der Weg zu einer tragfähigen Beziehung ist nicht einfach. Doch ist dies gelungen, wird es kaum eine Herausforderung geben, der die beiden nicht gewachsen wären.

♎ – ♊

Waage – Zwillinge

Gute Chancen

Die Chancen dieser Tierkreiszeichen sind hervorragend. So gut wie immer werden sich beide auf Anhieb verstehen.

Beiden gemeinsam ist die weltoffene, neugierige und erlebnisorientierte Lebenseinstellung und die Lust am »Savoir-vivre«. In geschäftlicher Zusammenarbeit kann dies ausgesprochen nützlich sein, insbesondere wenn es um innovative Projekte geht. Aber in Liebesbeziehungen ist diese Konstellation ebenso außergewöhnlich erfolgversprechend. Dies gilt in besonderem Maße für Paare, die auch beruflich zusammenarbeiten oder gemeinsam sozial oder gesellschaftlich engagiert sind.

Harmonie

Diese Zeichen harmonieren sehr. Das heißt nicht, daß es in einer solchen Beziehung keine Probleme geben könnte, genausowenig, wie eher schwierige Tierkreiszeichenverbindungen zum Scheitern verurteilt sind. Wer sich ideal ergänzt, kann im Zweifelsfalle ebenso »ideal« miteinander streiten, da beide die Motive des jeweils anderen besonders gut erkennen und damit auch kritisieren können. Verbindungen zwischen Tierkreiszeichen, die weniger gut miteinander harmonieren, bieten auch weniger gegenseitige Angriffsfläche, wodurch Auseinandersetzungen seltener und weniger intensiv auftreten.

Eine solche Partnerschaft hat die besten Chancen, erfolgreich zu verlaufen, wenn beide bereit sind, von den Stärken des anderen zu profitieren und bei dessen Schwächen ein Auge zuzudrücken: Der Zwilling ist der Waage vielleicht manchmal ein wenig zu flatterhaft, zu neugierig und zu oberflächlich. Die Waage ist für den Zwilling oft ein wenig unselbständig, zu unentschlossen und harmoniesüchtig.

Gemeinsamkeiten

Aber schließlich ist niemand vollkommen, und die Gemeinsamkeiten überwiegen doch deutlich.

♎ – ♋

Waage – Krebs

Fremdheit

Krebse und Waagen sind sich von ihrem Wesen her eher fremd. Doch das Fremde ist auch faszinierend und anziehend. Mit ein wenig gutem Willen können sich die beiden Partner hervorragend ergänzen, wenn erst einmal genügend Verständnis füreinander aufgebaut wurde.

Waagen unterliegen häufig dem Irrtum, sich den Krebsen gegenüber überlegen zu fühlen, da diese ihnen ein wenig verträumt und hausbacken vorkommen. Der Krebs wird Schwierigkeiten mit der Leichtblütigkeit der Waage haben, die er eher als Oberflächlichkeit empfindet. Während Waagen sehr viel Energie darauf verwenden, daß sie gut aussehen und auch ansonsten auf andere so vorteilhaft wie möglich wirken, neigen Krebse dazu, sich weniger um ihr äußeres Erscheinungsbild und die Meinung ihrer Umgebung zu kümmern. Ihnen liegt in der Regel am meisten an den inneren Werten eines Menschen, während die Waagen glauben, daß ohne entsprechende Verpackung sich auch niemand für den Inhalt interessiert. So gibt es also genügend Reiz- und Spannungsthemen zwischen den zwei Seiten. Entweder sorgen diese dafür, daß den beiden nie langweilig wird und sie womöglich gar eine besonders leidenschaftliche Beziehung pflegen, oder sie führen zu einer baldigen Trennung.

Spannungsthemen

Der Waage-Partner muß lernen, für eine erfolgreiche Partnerschaft seinen Hang zur

Selbstgefälligkeit zu überwinden, um unnötige und belastende Auseinandersetzungen zu vermeiden. Krebse, die sich hier zu lange blenden ließen, ziehen sich manchmal enttäuscht und verbittert zurück. Sie fühlen sich hintergangen und betrogen. Haben ihre Gefühle erst einmal einen Knacks bekommen, wird es viel Geduld und Energie brauchen, um die Dinge wieder einigermaßen in Ordnung zu bringen. Schon aus diesem Grunde sollte der Waage-Partner nicht allzu dick auftragen und seinen Hang zur Flatterhaftigkeit kontrollieren.

Waagen sind Luftzeichen, sie möchten die Dinge möglichst mit leichter Hand angehen. Alles soll unkompliziert und vor allem nicht anstrengend sein. Das ist dem Krebs kaum verständlich, hält er doch nur die tiefgründigen und ernsthaften Dinge im Leben für wirklich interessant und lohnenswert. Zwar weiß er die angenehmen Seiten des Lebens durchaus zu schätzen, aber er hat auch verstanden, daß es ohne Fleiß keinen Preis gibt. Die Waage wiederum meint, daß das Leben schon von allein genug Probleme mit sich bringt und man deshalb jede Gelegenheit, sich zu vergnügen, auch nutzen sollte. Die Waage geht gern aus, der Krebs bleibt meist lieber daheim.

Gegensätze

Wenn beide fähig und willens sind, diese Klippen zu umschiffen und faire Kompromisse zu finden, die keinen von beiden zu kurz kommen lassen, können sich hier Ästhetik und Gefühl, Eleganz und Warmherzigkeit auf faszinierende Weise ergänzen. Der Weg zu einer tragfähigen Beziehung ist dabei nicht einfach. Doch ist er sicher der Mühe wert.

Ergänzung

♎ – ♌

Waage – Löwe

Der Löwe sehnt sich nach einem hingebungsvollen, romantischen und attraktiven Partner. Wenn er ganz ehrlich ist, könnten es auch ruhig mehr als einer sein, denn er ist nicht immer ein unbedingter Verfechter der Monogamie. Doch das soll hier nicht unser Thema sein. Die Waage wünscht sich ein temperamentvolles und selbstbewußtes Gegenüber, das den Herausforderungen des Lebens entschlossen entgegentritt.

Gemeinsamkeiten

Beide glauben fest daran, daß die wahre Liebe alle Hindernisse überwindet. Und für diese Konstellation ist das auch bestimmt richtig, da beide in Beziehungsfragen hoffnungslose Gefühlsmenschen und Romantiker sind. Mag sein, daß ihre Freunde und Bekannten über die beiden ungläubig den Kopf schütteln und sich fragen, was zwei so unterschiedliche Menschen nur aneinander finden können, der eine selbstverliebt und großsprecherisch, der andere vorsichtig und harmoniesüchtig. In Wahrheit passen sie zusammen wie der Schlüssel und das Schloß. So nimmt es auch nicht wunder, daß hier die Liebe auf den ersten Blick öfter vorkommt als bei anderen Tierkreiszeichen. Man kann sogar sagen, daß sich solche Paare entweder auf Anhieb hervorragend verstehen oder gar nicht. Zwar mag es aus verschiedenen Gründen eine Weile dauern, bis die beiden endgültig zueinanderfinden, doch ist die Entscheidung in Wahrheit schon beim ersten Zusammentreffen gefallen. Mag sein, daß die

Waage auf die Eroberungsversuche des Löwen erst einmal zurückhaltend reagiert, doch liegt dies nur in den seltensten Fällen daran, daß sie seine Gefühle nicht erwidert. Im Gegenteil: Sie möchte sich davon überzeugen, daß sie sich der Gefühle des Löwen ganz sicher sein kann. Schließlich besitzt sie genügend Menschenkenntnis, um seinen Jagdtrieb richtig einschätzen zu können, und sie will mehr, als nur eine weitere Trophäe in seiner Sammlung zu sein.

Leidenschaft

Echte Partnerschaften zwischen diesen Zeichen sind so gut wie immer ausgesprochen leidenschaftlich. Dies schließt natürlich Auseinandersetzungen, Streit und Eifersucht mit ein. Doch gefährdet dies die Partnerschaft keineswegs, vielmehr intensiviert es die Gefühle füreinander noch, solange ein gewisses Niveau nicht unterschritten wird.

Intensive Beziehung

Am besten verstehen sich die beiden, wenn sie miteinander allein sind. Nur selten wird sich der Freundeskreis des Löwe-Partners mit dem der Waage verstehen und umgekehrt, dafür sind die beiden – aus der Sicht Außenstehender – einfach zu verschieden. Außerdem sind beide eifersüchtig, und die Waage mag das ständige Imponiergehabe des Löwen genausowenig wie dieser die Aufgeschlossenheit der Waage für alles Neue. Doch das ist weiter kein Problem, da die beiden ihre gemeinsame Zeit so intensiv wie möglich nutzen möchten, und da wären Dritte nur störend.

Im Laufe der Jahre schafft sich das Paar einen neuen, gemeinsamen Freundeskreis, doch ist es für eine harmonische Partnerschaft auch wichtig, daß keiner der beiden seine alten Bekanntschaften aufgibt.

♎ – ♍

Waage – Jungfrau

Unterschiede

Jungfrauen und Waagen sind von ihrem Wesen her sehr unterschiedlich. Aber Gegensätze ziehen sich ja auch an, und mit ein wenig gutem Willen können sich die beiden Partner hervorragend ergänzen, wenn erst einmal genügend Verständnis füreinander aufgebaut wurde.

Waagen unterliegen häufig dem Irrtum, sich der Jungfrau wie dem Stier gegenüber überlegen zu fühlen, da diese ihnen ein wenig langsam und hausbacken vorkommt. Es braucht eine Weile, bis sie merken, daß sie vielleicht schneller und eleganter handeln, aber nicht unbedingt effektiver. Wo die Waage spontan reagiert, überlegt die Jungfrau erst und erreicht dadurch mit weniger Aufwand fast immer mehr. Der Waage-Partner muß lernen, für eine erfolgreiche Partnerschaft seinen Hang zur Selbstgefälligkeit zu überwinden, um unnötige und belastende Auseinandersetzungen zu vermeiden. Insbesondere in der Anfangszeit hat die Jungfrau oft die Tendenz, die Waage regelrecht anzuhimmeln, kommt sie ihm doch viel weltgewandter, eleganter und moderner vor, als sie sich selbst sieht. Die Waage sollte nicht in diese Falle gehen und sich allzusehr in ihrer Eitelkeit sonnen. Die Jungfrau merkt schnell, daß auch hier nicht alles Gold ist, was glänzt. Die Waage zieht im Zweifel die schöne Illusion einer tristen Realität vor. Wunschdenken und Wirklichkeit können dann nahtlos ineinander übergehen. Jungfrauen, die sich zu lange blenden ließen, ziehen sich manchmal enttäuscht und verbittert zurück. Sie fühlen sich hintergangen und betrogen. Schon aus diesem Grunde sollte der Waage-Partner nicht allzu dick auftragen – es wird ihm wesentlich mehr schaden als nützen. Die Waage wiederum ist gefordert, sich von der Genauigkeit und Liebe zum Detail der Jungfrau nicht einschüchtern zu lassen. Waagen sind regelrecht »harmoniesüchtig« und können Spannungen nur schwer ertragen. Der Jungfrau macht das wenig aus, zumindest nicht genug, als daß sie auch nur im Traum daran dächte, nachzugeben, wenn sie sich im Recht fühlt. Um des lieben Friedens willen wird hier fast immer die Waage nachgeben und die Jungfrau die Beziehung entsprechend dominieren, obwohl nach außen hin oft die Waage als der »stärkere« Partner auftritt.

Auseinandersetzungen

Waagen sind Luftzeichen, sie möchten die Dinge möglichst mit leichter Hand angehen. Alles soll unkompliziert und vor allem nicht anstrengend sein. Das kommt der Jungfrau manchmal ein wenig oberflächlich vor. Zwar weiß sie die angenehmen Seiten des Lebens durchaus zu schätzen, aber sie versteht auch, daß die Götter vor den Erfolg den Schweiß gesetzt haben. Sie baut keine Luftschlösser, sie packt lieber an, um das Mögliche zu realisieren.

Wenn beide fähig und willens sind, diese Klippen zu umschiffen, können sich hier Ästhetik und Sorgfalt, Eleganz und Gründlichkeit auf faszinierende Weise ergänzen. Der Weg zu einer tragfähigen Beziehung ist nicht einfach. Doch ist diese gelungen, wird es kaum eine Herausforderung geben, der die beiden nicht gewachsen wären.

Ergänzung

♎ – ♎

Waage – Waage

Bei allen Beziehungen, die demselben Tierkreiszeichen angehören, ergeben sich die gleichen, nur scheinbar widersprüchlichen Regeln. Zum einen gilt natürlich das Sprichwort »Gleich und gleich gesellt sich gern«. Allerdings ist dies eher für freundschaftliche Verbindungen als unbedingt für Liebesbeziehungen gültig. Schließlich sucht man im Partner weniger den Spiegel seiner selbst als vielmehr die Ergänzung. Sich selbst meint man ja mehr oder weniger zu kennen, aber das Gegenstück zum eigenen Charakter übt immer einen besonderen Reiz aus.

Besonderer Reiz

Ähnlichkeiten im Wesen und im Verhalten sind sicherlich eine große Hilfe, um Mißverständnisse zu vermeiden, doch tragen sie nicht unbedingt zu einer Steigerung der gegenseitigen Toleranz bei. Menschen neigen in vielen Situationen dazu, für die eigenen Schwächen bei anderen weniger Verständnis aufzubringen als für Schwierigkeiten, mit denen sie selbst niemals zu kämpfen hatten. Der Logik nach sollte es anders sein, schließlich scheint es nicht vernünftig und ungerecht, dem Partner solche Unzulänglichkeiten vorzuwerfen, die man selbst besitzt. Doch niemand läßt sich gern den Spiegel vorhalten, wenn er darin gerade unvorteilhaft aussieht. Dies mag eine Erklärung sein. Ein weiterer Gesichtspunkt ist die Abneigung gegen Gewohnheiten, denen man selbst einmal gefrönt hat. Man denke nur an das Verhalten einiger ehemaliger Raucher, die um ein Vielfaches intoleranter gegenüber Nochrauchern sein können als so manche, die niemals eine Zigarette angerührt haben. Natürlich ist es jedoch immer eine Frage des Entwicklungsniveaus, inwieweit man die eigenen Schwächen anderen zum Vorwurf macht. Im günstigen Falle können zwei Waagen ein Team sein, das sich blind versteht und gemeinsam alle Herausforderungen des Lebens meistert.

Ruhige Beziehung

Falls Aszendent oder Mond nichts anderes aussagen, sind solche Partnerschaften nur selten besonders leidenschaftlich. Der Nachteil mag sein, daß ekstatische Höhepunkte rar sind oder gar nicht vorkommen. Dafür bleiben ihnen jedoch auch in aller Regel krankhafte Eifersucht und zermürbende Auseinandersetzungen erspart. Partnerschaften, die einige Jahre lang gutgegangen sind, haben mehr Aussichten als die Verbindungen anderer Tierkreiszeichen, auch auf Dauer bestehen zu können.

♎ – ♏

Waage – Skorpion

Enge Beziehungen oder erfolgreiche Partnerschaften entstehen zwischen diesen Zeichen nicht besonders oft. In der Regel ist die Waage dem Skorpion zu glatt und oberflächlich, während der Skorpion von der Waage eher als dogmatisch, radikal oder gar als bedrohlich empfunden wird.

Chancen

Dennoch gibt es Chancen für eine harmonische Beziehung: Zum einen können andere Horoskopfaktoren, vor allem Aszendent und Mond, einen Ausgleich schaffen, zum anderen kann Wesensfremdheit in günstigen Fällen das

Interesse am anderen fördern. Skorpione sind Idealisten oder sogar Fanatiker, sie sind überzeugt davon, daß sich ihre Utopien mit genügend Engagement auch verwirklichen lassen. Sie glauben daran, daß alles nur eine Frage von Energie und Konsequenz ist. Diese Einstellung ist der Waage eher fremd, ihr liegen weder übertriebene Anstrengungen noch zwanghafte Entschlossenheit, die sich durch die Realität nicht irritieren läßt. Im Grunde ihres Herzens sind ihr alle Extreme zuwider. Was beide Zeichen miteinander verbindet, ist jedoch ihr Idealismus, auch wenn er von ihnen sehr unterschiedlich gelebt wird. Beide halten diese Welt für verbesserungswürdig, und sie glauben daran, daß sie sich auch tatsächlich verbessern läßt. Die Waage versucht, die kleinen Annehmlichkeiten des Alltags zu mehren, um so langsam, aber sicher die eigene Lebensqualität und die anderer zu steigern, während der Skorpion eher zu weitgesteckten Utopien, zum großen Wurf neigt, der Probleme mit einem Schlag aus der Welt schafft.

Verbindung

In Partnerschaften ist hier die größte Herausforderung gegenseitige Toleranz. Der Skorpion braucht die Konfrontation, die direkte Auseinandersetzung, an der er sich reiben kann. Hier hat er bei der Waage keine Chance, sie haßt es, festgenagelt zu werden, und sie wird immer eine Möglichkeit sehen, sich den bohrenden Fragen des Skorpions zu entziehen. In den meisten Fällen wird sie einen Weg finden, dem Skorpion recht zu geben, ohne dabei Farbe bekennen zu müssen. Das Ergebnis ist für den Skorpion natürlich unbefriedigend. Zwar hat er sich scheinbar durchgesetzt, doch nicht ganz zu Unrecht fühlt er sich dabei ein wenig ausgetrickst. Die Waage verwirklicht ihre Interessen so geschickt, daß der Skorpion überhaupt nicht merkt, daß eine Auseinandersetzung stattgefunden hat. Unmerklich hat er sich die Ansichten des Waage-Partners zu eigen gemacht und vertritt nun dessen Meinungen voller Überzeugung als die eigenen. Interessanterweise funktioniert dieses Spiel auch umgekehrt. Aber natürlich ist es nicht im Sinne einer tragfähigen Partnerschaft, daß man in der Lage ist, sich gegenseitig erfolgreich hinters Licht zu führen.

Gefahren

Doch zum Glück wissen beide ganz genau, daß für eine harmonische Partnerschaft beide Seiten zufrieden sein müssen, keiner darf das Gefühl haben, er sei zu kurz gekommen. Die Frage, wie sich dieses Problem lösen läßt, können nur die betroffenen Partner immer wieder aufs neue und auf ihre ganz persönliche Art beantworten. Langweilig wird eine solche Beziehung sicherlich nie.

♎ – ♐

Waage – Schütze

Harmonie

Diese Zeichen harmonieren meist ausgesprochen gut miteinander. Der vor originellen Ideen strotzende Schütze wird keine Probleme damit haben, die Waage mit Anregungen zu versorgen. Der Schütze wiederum wird vom ausgleichenden Temperament der Waage profitieren und so einen Ausgleich für sein manchmal leicht überspanntes Nervensystem finden. Diese Zeichen ergänzen sich daher nahezu ideal. Das heißt nicht, daß es in einer solchen Beziehung keine Probleme geben könnte, genausowenig, wie eher schwierige Tierkreiszeichenverbindungen zum Scheitern verurteilt sind. Wer sich ideal ergänzt, kann im Zweifelsfalle ebenso »ideal« miteinander streiten, da beide die Motive des anderen besonders gut erkennen und damit eben auch kritisieren können. Schon nach kurzer Zeit werden sich die zwei so gut kennen, daß keiner dem anderen etwas vormachen kann; sie »durchschauen« einander, was natürlich nicht immer nur Vorteile hat.

Chancen

Eine solche Partnerschaft hat die besten Aussichten, harmonisch zu verlaufen, wenn beide bereit sind, von den Stärken des anderen zu profitieren und bei den Schwächen des Partners ein Auge zuzudrücken: Die Waage ist dem Schützen vielleicht manchmal ein wenig zu oberflächlich, zu wankelmütig und zuwenig zuverlässig. Der Schütze wiederum kommt der Waage oft ein wenig weltfremd, zu enthusiastisch und überspannt vor. Auf dieser Grundlage können beide voneinander lernen. Die Vorzüge überwiegen bei weitem die Schwierigkeiten, und die Aussichten für eine stabile Partnerschaft sind hier gut.

♎ – ♑

Waage – Steinbock

Problematische Beziehung

Von den meisten Astrologen wird diese Verbindung als außerordentlich problematisch angesehen. Glücklicherweise ist dem mitnichten so. Denn beide Zeichen können sich unter bestimmten Voraussetzungen sogar hervorragend ergänzen, auch wenn ihre Temperamente sehr unterschiedlich sind.

Die Waage neigt zu Passivität und Unentschlossenheit, während der Steinbock vielleicht allzu entschieden und konsequent an die Dinge herangeht. Doch können beide viel voneinander lernen: Der Steinbock kann der Waage vermitteln, wie man sein Leben möglichst effektiv organisiert und plant. Er weiß, wie man sich auf dem gesellschaftlichen Parkett bewegen muß, welche Behörde für bestimmte Genehmigungen zuständig ist und wie man bei Rechtsstreitigkeiten den richtigen Anwalt findet. Die Waage hingegen kann dem Steinbock ein Vorbild sein, wenn es darum geht, die schönen Seiten des Lebens zu genießen. Sie kann zeigen, wie man mit Charme und Ruhe unerwartete Probleme meistert, denen der Steinbock allein hilflos gegenüberstände. Auch in persönlichen Auseinandersetzungen kann der Steinbock von der Waage lernen, vermag sich dieser doch kaum angemessen zu wehren, wenn sich jemand über die Spielregeln des guten Benehmens einfach hinwegsetzt. Die Waage hätte den Angreifer mit Freundlichkeit und Diplomatie schon längst um den kleinen Finger gewickelt, während der Steinbock noch darüber nachsinnt, wie er sich in einer solchen Situation angemessen verhalten könnte.

Lernmöglichkeit

Persönliche Auseinandersetzungen

Waage-Steinbock-Paare können gerade wegen ihrer Verschiedenartigkeit so viel voneinander lernen, aber das braucht eben seine Zeit und kann nicht ohne Reibereien gelingen.

In Freundschaften und Geschäftsbeziehungen kommt die Motivation, die schwierige Anfangsphase meistern zu wollen, tatsächlich häufig aus der bewußten oder unbewußten Einsicht, daß sich die »Investition« für beide Seiten früher

Erotische Anziehung

oder später lohnen wird. In Liebesbeziehungen ist es oft eine außergewöhnlich starke erotische Anziehung, welche die großen Temperamentsunterschiede vergessen läßt und vielen Konflikten und Meinungsverschiedenheiten die Spitze nimmt. Verbindungen, die diese Phase heil überstehen, haben gelernt, den anderen so zu nehmen, wie er ist, und die völlig unterschiedliche Persönlichkeit des Partners als Bereicherung und nicht als Manko aufzufassen. Dort, wo sie ein gemeinsames Lebenskonzept aufgebaut haben, ziehen sie an einem Strang, und kaum jemand hat noch eine Chance, einen Keil zwischen die beiden zu treiben, dafür haben sie sich die gemeinsame Basis zu hart erarbeitet. Bei Themen hingegen, wo die Persönlichkeits- und Temperamentsunterschiede unüberbrückbar sind, läßt man sich gegenseitig so viel Freiraum, daß keiner den anderen behindert.

♎ – ♒

Waage – Wassermann

Interessante Verbindung

Dies ist eine der interessantesten und vielversprechendsten Verbindungen zwischen zwei Tierkreiszeichen. Waage und Wassermann sind verschieden genug, um nicht miteinander zu konkurrieren, und einander doch so ähnlich, um hervorragend zusammenzupassen.

Was einen Wassermann an einer Waage fasziniert, ist ihr Charme, die Leichtigkeit, mit der sie mit anderen Menschen umgehen kann, und ihr Bedürfnis, in allen Lebenslagen immer beide Seiten zu sehen. Die Waage schätzt am Wassermann wiederum das Außergewöhnliche, Exotische und Exzentrische. Für sie ist der Wassermann wie ein Paradiesvogel in einer ansonsten grauen Alltagswelt. Die Waage bewundert die Fähigkeit des Wassermanns, sich gesellschaftlichen Konventionen zu entziehen, und sie ist fasziniert von seinem Mut zum eigenen Stil. Wassermänner haben keine Angst, aufzufallen oder anzuecken, ja sie provozieren solche Reaktionen manchmal regelrecht, was für eine Waage unvorstellbar wäre.

In Partnerschaften, die auf Dauer angelegt sein sollen, ist es selten ein Problem, daß sich beide genügend Freiheiten einräumen. Eine größere Schwierigkeit ist es, die Angst vor Nähe zu überwinden und sich ohne Wenn und Aber auf den anderen einzulassen. Hier tun sich beide schwer, und so kann es relativ lange dauern, bis aus einer lockeren Beziehung eine ernsthafte Partnerschaft wird. Manche erfolgversprechende Beziehung ist schon daran gescheitert, daß beide zu lange zögerten, sich ihre Gefühle einzugestehen – nicht zuletzt auch aus der Angst heraus, daß aus einer guten Freundschaft eine schlechte Partnerschaft wird. Paare mit dieser Konstellation sollten deshalb beizeiten prüfen, ob und wie sehr sie sich aufeinander einlassen wollen. Sonst besteht die Gefahr, daß eine vielversprechende Partnerschaft einfach im Sande verläuft.

Freiheiten

♎ – ♓

Waage – Fische

Diese beiden Tierkreiszeichen leben meist in so unterschiedlichen Welten, daß sie sich selten bewußt über den Weg laufen oder gar ineinander verlieben. Geraten sie dennoch aneinander, so sind die Chancen für eine harmonische Partnerschaft nicht aussichtslos, Gegensätze ziehen sich nun einmal an, und das Fremde macht oft neugierig und wird als interessant empfunden. Außerdem sind beide Seiten nur selten die geborenen Streithähne, Streit und Gewalt sind ihnen meist ein echtes Greuel. Das ist immerhin schon eine gemeinsame Grundlage, die es außerdem erleichtert, Mißverständnisse zu klären und anschließend zu vermeiden.

Gute Aussichten

Waagen unterliegen häufig dem Irrtum, sich dem Fisch gegenüber überlegen zu fühlen, da sie dazu neigen, selbstbewußter aufzutreten. Sie halten sich für realistischer und glauben, mit dem Leben im allgemeinen und dem Umgang mit anderen besser zurechtzukommen. Unter dem Strich beginnt die Waage jedoch vieles, nur um auf halber Strecke aufzugeben oder es sich anders zu überlegen. Fische mögen träger und irrationaler sein, aber sie brauchen auch weniger Kraft, um die Folgen ihrer Fehler auszubügeln – einfach weil sie weniger Fehler machen.

Für eine erfolgreiche Partnerschaft muß der Waage-Partner lernen, seine Flatterhaftigkeit zurückzuschrauben. Der Fisch hingegen ist gefordert, sich vom Charme und der Wortgewandtheit der Waage nicht einschüchtern zu lassen. Oft erliegt er dem Trugschluß, daß sein Gegenüber es sich leisten kann, alles im Leben auf die leichte Schulter zu nehmen. Sehr schnell findet er jedoch heraus, daß die Waage sich gern ausgeglichener und souveräner gibt, als sie in Wahrheit ist. Dabei hat sie nicht weniger Probleme als ein Fisch, sie kann sie nur besser kaschieren. Auch ihr Hang zu Eitelkeit und Selbstgefälligkeit entgeht dem Fisch auf Dauer nicht. So weicht die Bewunderung bald einer eher kritischen Haltung, und mit Kritik tun sich Waagen schwer.

Wenn beide fähig und willens sind, diese Klippen zu umschiffen, können sich die Charaktere hervorragend ergänzen. Dann ist alles möglich, was zwei Menschen aneinander faszinieren und miteinander verbinden kann. *Ergänzung*

Was sonst noch zur Waage paßt

In diesem Kapitel sind Entsprechungen des Waage-Prinzips – sogenannte Analogien – zusammengestellt. Darunter versteht man in diesem Zusammenhang Ähnlichkeiten und Verwandtschaften, die sich gemeinsam einem Tierkreiszeichen zuordnen lassen, ohne daß sie ursächlich, also kausal, miteinander verbunden wären.

Wie können diese Analogien praktisch genutzt werden? Wenn Sie selbst eine Waage sind und die positiven Eigenschaften Ihres Tierkreiszeichens fördern und betonen wollen, können Sie unter den im folgenden aufgeführten Entsprechungen diejenigen aussuchen, die Ihnen besonders zusagen, und in Ihr Leben einbeziehen. *Entsprechungen*

So können Sie zum Beispiel bevorzugt Kleidung in den Farben tragen, die Ihrem Tierkreiszeichen entsprechen. Sie können das Essen mit Gewürzen abstimmen, in Ihren Garten die Pflanzen setzen, an Orte in den Urlaub fahren, die Hobbys oder Berufe wählen, die zu

Ihrem Tierkreiszeichen passen, und so weiter. Obwohl es sich hier nur um eine allgemeine Typologie handelt, werden Sie bald erstaunliche Wirkungen feststellen: Sie werden immer mehr Sie selbst und entwickeln ein immer genaueres Gespür dafür, was zu Ihnen paßt, was Ihnen guttut und was Sie eher meiden sollten. Ihre Gesundheit und Ihr seelisches Gleichgewicht werden davon profitieren.

Selbstfindung

Wenn Sie eine Waage kennen und schätzen, kann Ihnen diese Liste zum Beispiel bei der Suche nach einem passenden Geschenk helfen. Wenn Ihr Kind eine Waage ist, können Sie Anregungen für den passenden Sportverein finden und so fort. Der kreativen Phantasie sind hier kaum Grenzen gesetzt.

Farben: Grün (Komplementärfarbe zu Rot); Weinrot, Burgunderrot; Hellblau, Türkis.
Geruch: lieblich, süßlich; parfümiert.
Geschmack: süß, lieblich.
Signatur (Form und Gestalt): ausgewogen, symmetrisch; dekorativ, elegant; weich, wenig Kontraste.

Pflanzen

Pflanzen allgemein: gezüchtete Zierpflanzen, häufig mit starkem Duft, blütenreich.
Bäume, Sträucher: Jasmin, Azaleen, Mandelbaum, Magnolie.
Gemüse, Obst: Brokkoli; Kirschen, Aprikosen, Pfirsiche, Weintrauben, Mirabellen.
Blumen: Rosen, Lilien, Kamelien.
Gewürze: Liebstöckel, Zucker.
Heilpflanzen: Schafgarbe, Veilchen, Bärentraube, Hagebutte.
Tiere: Ziertiere (kein Nützlichkeitsgedanke), elegant oder grazil wirkende Tiere (Pfau, Para-

diesvogel); Schwalben, Rotkehlchen, Nachtigall; Gazelle, Reh; Taube; Zierfische (Goldfisch); Lipizzaner, Dressurpferde.

Materialien: Seide; Porzellan; Stoffe und Materialien, die zur Dekoration oder zur Schmuckherstellung benötigt werden. Materialien

Mineralien, Metalle: Arsen, Cyanit, Sodalith; Kupfer; Rosenquarz, Jade, Rauchtopas.

Landschaften: Parks, Ziergärten, Weinberge; sanfte Hügellandschaft; Landschaften mit zahlreichen Kulturdenkmälern.

Berufe: alle Berufe, die geistige Beweglichkeit und strategisch-planerisches Denkvermögen Berufe verlangen; Berufe, in denen die Fähigkeit zu unparteiischer Urteilsfindung verlangt wird; Berufe, die die Zusammenarbeit mit anderen Menschen ermöglichen und die dem angeborenen Sinn für Fairneß Rechnung tragen; Berufe, die Verbindungen, Austausch und diplomatisches Geschick erfordern oder die mit künstlerischen oder geschmacklichen Kriterien zu tun haben. Richter, Anwalt, Jurist; Innenarchitekt; Bühnenbildner, Dekorateur; Regisseur; Maskenbildner; Tapezierer; Gestalter öffentlicher Plätze und Parks; Blumenzüchter; Modefachmann/-frau; Mitarbeiter in einer Parfümerie, Designer; Friseur; Kunstgewerbler, Kunsthandwerker; Kunstkritiker; Literatur- und Kunstwissenschaftler. Beratungsberufe (Eheberater, Heiratsvermittler [Begegnungssituation]); Tätigkeit in Friedens- und Kulturmissionen; Diplomat; Meinungsforscher; Public-Relations-Spezialist; Cafébesitzer.

Hobbys

Hobbys, Sportarten: Mode, Dekoration, Malen, Kunstausstellungen; Eiskunstlauf, Tanzen, Ballett, tänzerische Gymnastik, Fechten.

Verkehrsmittel: das elegante und schöne Auto.

Wohnstil: schön, ästhetisch, elegant bis manieriert; Art déco oder Jugendstil.

Wochentag: Freitag (Tag der Freyja, der »nordischen Venus«).

Gesellschaftsform: der liberale Mehrparteienstaat, eher schwache Führung, Bündnispolitik.

Entsprechungen auf der Ebene des menschlichen Körpers: Nieren, Nebennieren, Blase, Drüsen.

Krankheiten

Krankheiten allgemein: Gleichgewichtsstörungen, Nieren und Blasenleiden.

Zahlen: die 5 und ihre Vielfachen.

Ein typisches Waage-Märchen: Der verlorene Prinz

In Island lebte einmal ein Prinz, der liebte die Jagd, und wann immer es ihm möglich war, ritt er mit seinem Gefolge aus. Eines Tages jedoch, als er unterwegs war, kam dichter Nebel auf, so daß man die Hand nicht mehr vor den Augen sah. Nach einer Weile lichtete sich der Nebel, aber der Prinz war verschwunden. Überall suchten seine Höflinge nach ihm, doch er war nirgends zu finden. Schließlich gaben sie auf, kehrten zurück und berichteten dem König, was geschehen war.

Der König versank in tiefe Trauer und konnte weder essen noch trinken. Er schickte seine Herolde aus im Land, die sollten verkünden, daß derjenige das halbe Königreich bekäme, der den Prinzen fand. Viele Männer machten sich nun auf die Suche, doch vergebens, er war wie vom Erdboden verschluckt.

Die Nachricht von dem verschwundenen Königssohn erreichte auch den entlegenen Winkel des Reiches, in dem ein hübsches Mädchen mit seinen Eltern in einer armseligen Hütte lebte. Sie hatten kaum genug zu essen, und das Mädchen dachte bei sich: »Wenn ich doch nur den Prinzen finden könnte! Ich würde nichts vom Königreich haben wollen, nur einen kleinen Bauernhof, damit meine armen Eltern in Ruhe leben können.« Sie ging zu Vater und Mutter und erzählte ihnen von ihrer Absicht, den Prinzen zu suchen. Diese erschraken und wollten ihre Tochter nicht gehen lassen, doch das

Mädchen bestand darauf und erbat noch ihren Segen. Dann machte sie sich auf den Weg.

Überall suchte das Mädchen, in abgelegenen Tälern, auf schneebedeckten Bergen, in Wäldern und Steppen. Ihre Schuhe lösten sich schließlich auf, und sie lief barfuß weiter, ihre Kleider waren nur noch Lumpen, doch sie nähte sie mit Dornen und Gräsern zusammen, so gut es eben ging. Schließlich war sie überall im Königreich gewesen und hatte den Prinzen doch nicht gefunden. Traurig setzte sie sich ans Meeresufer und dachte bei sich: »Sicher ist der Prinz tot. Ich kann nur noch nach

Hause zurückkehren, denn ich weiß nicht, wo ich noch suchen soll.«

Da vernahm sie ein dröhnendes Lachen. Ein Wal schaute aus dem Wasser.

»Warum lachst du mich aus?« fragte das Mädchen. »Ich habe so lange gesucht und kann nicht finden, was ich suche, und ich bin so müde und enttäuscht. Das ist nicht lustig.«

»O doch«, grinste der Wal. »Du hast überall gesucht, nur nicht dort, wo der Prinz zu finden ist. Ich aber weiß, wo er ist. Ich will dir den Ort zeigen. Klettere auf meinen Rücken.«

Das Mädchen tat, wie ihm geheißen, und der Wal schwamm ins Meer hinaus. Lange waren sie unterwegs, bis sie zu einer kleinen Insel kamen, auf der war eine große Höhle zu sehen. Der Wal ließ das Mädchen absteigen.

»Geh nur in die Höhle hinein«, sagte der Wal und schwamm davon.

Das Mädchen trat in die Höhle ein und tastete sich durch die Dunkelheit, bis sie zu zwei Betten kam, deren Glanz schon von weitem schimmerte. Auf dem einen Bett lag ein Tuch aus Silber, auf dem anderen eines aus Gold. Auf dem goldenen Bett aber lag der Prinz in tiefem Schlaf! Am Kopfende des Bettes standen Zauberworte, doch das Mädchen konnte sie nicht lesen und machte sich daran, den Prinzen zu wecken. Sie rief seinen Namen, sie schüttelte ihn, doch nichts half. Schließlich gab sie ihm einen Kuß, denn sie hatte gehört, daß der Kuß eines Mädchens über einen Zauber verfügen sollte, doch auch das half nichts. Vielleicht lag in ihrem Kuß ja nicht genügend Zauber, dachte sie traurig. Da hörte sie ein Rauschen am Eingang der Höhle. Schnell versteckte sie sich im hintersten Winkel, da kam auch schon eine Meerjungfrau herein, die glitzerte von Kopf bis Fuß, denn sie war über und über mit goldenen Schuppen bedeckt. Wasser troff von ihrem goldenen Haar, und sie war so schön, daß ihr Glanz die Höhle erleuchtete.

Die Meerjungfrau trat zu dem Prinzen und sah ihn lange, lange an. Aus einem Schrank nahm sie erlesene Früchte und Getränke und stellte sie auf einen Tisch am Fußende seines Bettes. Dann pfiff sie laut, und zwei wunderschöne Schwäne kamen herein. Auf den Wasserlachen, die ihr tropfnasses Haar hinterlassen hatte, schwammen sie bis zum Bett des Prinzen. Nun sagte die Meerjungfrau:

»Singt, singt, meine Schwäne,
damit der Königssohn erwache!«

Die Schwäne begannen zu singen, und der Prinz öffnete die Augen und setzte sich auf.

»Iß«, sagte die Meerjungfrau.

»Nein«, antwortete der Prinz.

»Wie lange willst du denn noch so starrsinnig sein?« sagte die Meerjungfrau. »Schließlich wirst du mich doch noch lieben und mein Gemahl werden.«

»Niemals!« gab der Prinz zur Antwort.

Da sprach die Meerjungfrau zu ihren Schwänen:

»Singt, singt, meine Schwäne,
damit der Königssohn einschlafe!«

Die Schwäne sangen, und im Nu war der Prinz wieder eingeschlafen. Nun aß die Meerjung-

frau von den Köstlichkeiten, legte sich auf das silberne Bett und schlief ein. Auch die Schwäne schliefen. Das Mädchen wagte sich aus seinem Versteck hervor, aß und trank ein wenig und versteckte sich wieder. Doch sie blieb wach.

Am Morgen erwachte die Meerjungfrau und sagte wieder zu den Schwänen:

»Singt, singt, meine Schwäne,
damit der Königssohn erwache!«

Die Schwäne begannen zu singen, und der Prinz wachte auf und rieb sich die Augen.

»Iß«, sagte die Meerjungfrau.

»Nein«, antwortete der Prinz.

»Noch heute sollst du mich lieben und mein Gemahl werden«, sagte die Meerjungfrau.

»Niemals, komme, was da mag«, erwiderte der Prinz.

Da ließ die Meerjungfrau wieder die Schwäne singen, und der Prinz schlief ein. Sie verließ die Höhle, und die Schwäne folgten ihr.

Nun kam das Mädchen aus seinem Versteck hervor und sah den Prinzen an. »Wie schön er ist!« dachte sie. Sie pfiff, und die Schwäne kamen herbei.

»Singt, singt, meine Schwäne.
damit der Königssohn erwache!«

sagte sie zu ihnen, und die Schwäne begannen zu singen.

Der Prinz erwachte, sah das Mädchen und fragte erstaunt: »Wer bist du?«

»Ich bin nur ein armes Mädchen, das sich auf den Weg gemacht hat, um Euch zu suchen«, erwiderte sie und berichtete ihm von der Trauer des Königs, seinem Versprechen und ihrer langen Suche und wie der Wal ihr geholfen hatte.

Da erzählte ihr der Prinz von dem Nebel, der vom Meer aufgezogen war, und wie er niemanden mehr hatte sehen können. Nur Stimmen waren noch zu hören gewesen, die ihn riefen. Plötzlich hatte sich die Erde unter ihm geöffnet, und er war in die Tiefe gestürzt. Er verlor das Bewußtsein, so rasend war sein Sturz, und als er wieder zu sich kam, hielt ihn die Meerjungfrau umschlungen. Sie küßte ihn und bat ihn, sie zu lieben, doch er sagte immer nur nein. Schließlich brachte sie ihn in die Höhle, legte ihn auf das goldene Bett und ließ die Schwäne singen, so daß er einschlief.

»Jeden Morgen und jeden Abend weckt sie mich und bittet mich, zu essen und sie zu lieben«, sagte der Prinz. »Ich sage jedesmal nein, doch mir scheint, ich muß aufwachen und schlafen und aufwachen und schlafen bis in alle Ewigkeit.«

»O nein«, erwiderte das Mädchen, »denn ich werde Euch helfen zu fliehen.«

Sie aßen von den Früchten und tranken von den wohlschmeckenden Getränken und sahen einander an. Jedem schien der andere wunderschön, doch das Mädchen dachte bei sich: »Er ist ein Königssohn, und ich bin nur ein armes Mädchen.«

»Wie können wir denn nun fliehen?« fragte der Prinz.

»Tut so, als seid Ihr nun bereit, die Meerjungfrau zu lieben. Eßt und trinkt, und wenn sie von der Hochzeit spricht, bittet sie, bis morgen abend zu warten. Dann fragt sie, was sie während des Tages macht und was die Zauberworte am Kopfende Eures Bettes bedeuten.«

Der Prinz war einverstanden, und das Mädchen rief die Schwäne.

»Singt, singt, meine Schwäne,
damit der Königssohn einschlafe!«

Die Schwäne sangen ihr Lied, und der Prinz schlief ein. Das Mädchen versteckte sich und wartete, bis die Meerjungfrau am Abend in die Höhle kam. Sie weckte den Prinzen, doch als sie ihn bitten wollte zu essen, bemerkte sie, daß etwas fehlte.

»Jemand hat hier gegessen und getrunken!« sagte sie.

Lächelnd antwortete der Prinz: »Ich kann wohl kaum im Schlaf gegessen und getrunken haben. Doch jetzt will ich etwas essen, denn ich fühle mich so gut wie lange nicht.«

Da drohte die Meerjungfrau den Schwänen: »So könnt nur ihr etwas genommen haben! Wie könnt ihr das wagen! Ich werde euch töten!« Die Schwäne reckten ihre Hälse und zischten sie böse an, und die Meerjungfrau sagte schnell: »Nun gut, ich will euch noch einmal verzeihen«, denn sie wußte genau, daß sie ohne die Schwäne ihren Zauber nicht fortsetzen konnte. Sie war auch bestens gelaunt, denn der Prinz hatte zugestimmt, endlich etwas zu essen.

»Wirst du mich auch lieben und mein Gemahl werden?« fragte sie ihn, während sie ihm frische Speisen vorsetzte.

»Das will ich gerne tun«, sagte der Prinz und lächelte freundlich. »Doch gib mir Zeit bis morgen abend. Ich bin so müde, daß ich eine Weile ungestört schlafen möchte. Dann sollst du mich wecken, und wir werden Hochzeit feiern. Aber sag, was tust du den ganzen Tag, während ich schlafe?«

Die Meerjungfrau war nun sehr froh. »Ich schwimme zu den Menschen. Dort sitze ich auf einem Felsen, kämme mein Haar und singe, während ich eurem Treiben zusehe. Wenn ich einen schönen Jüngling erblicke, nehme ich ihn mit zu mir auf den Meeresgrund. Doch du bist der schönste, den ich je gesehen habe. Wenn du mein Gemahl bist, will ich nicht weiter suchen.«

Schon wollte sie den Schwänen befehlen zu singen, da sagte der Prinz geschwind: »Was bedeuten denn die Worte am Kopfende meines Bettes?«

»Ach, das ist nur ein alter Zauberspruch«, gab die Meerjungfrau zur Anwort. »Er heißt:

›Laufe, laufe, mein kleines Bett,
laufe, wohin ich will.‹«

»Wird das Bett tatsächlich anfangen zu laufen, wenn du es ihm sagst?« fragte der Prinz nun noch.

»Natürlich wird es das. Doch wohin sollte es laufen, diese Höhle ist doch unser Zuhause. Nun aber schlaf, damit du morgen gut ausgeruht bist!« erwiderte die Meerjungfrau und rief die Schwäne. Die Schwäne sangen, und der Prinz schlief ein. Die Meerjungfrau legte sich in ihrem silbernen Bett zur Ruhe und schlief, die Schwäne steckten ihre Köpfe unter ihr Gefieder und schliefen, und endlich schlief auch das Mädchen in seinem Versteck.

Am nächsten Morgen verließ die Meerjungfrau die Höhle, ohne den Prinzen zu wecken, und die Schwäne folgten ihr. Schnell pfiff das

Mädchen die Schwäne herbei und sagte zu ihnen:

»Singt, singt, meine Schwäne,
damit der Königssohn erwache!«

Die Schwäne sangen, und der Königssohn wachte auf. Nun sprang das Mädchen zu dem Prinzen auf das goldene Bett und rief:

»Laufe, laufe, mein kleines Bett,
laufe, wohin ich will.«

Wie der Blitz sauste das Bett zur Höhle hinaus und auf das Meer.

»Wir sind gerettet!« sagte der Prinz, doch das Mädchen hieß ihn, sich umzusehen. Die Meerjungfrau war zurückgekehrt, und da sie den Prinzen und das Bett nicht mehr vorfand, wurde sie furchtbar zornig. Sie tobte rings um die Insel und suchte ihn, während sie schrie:

»Bett, Bett, mein kleines Bett,
wohin bist du gelaufen?«

Da mußte das Bett ihr antworten:

»Ich bin hier auf dem weiten Meer,
ich laufe ganz schnell davon.«

Voll Wut umgab sich die Meerjungfrau mit einer riesigen, grün schimmernden Woge, die über das Meer toste, und wollte das Bett unter sich begraben. Das Mädchen sah die Woge kommen und rief in seiner Not: »Wal, du lieber Freund, hilf mir noch einmal!«

Und schon schwamm der Wal herbei und packte die Meerjungfrau an ihren langen Haaren. Sie kämpften so sehr miteinander, daß das ganze Meer in Aufruhr geriet. Das Bett schlingerte hin und her und drohte unterzugehen.

»Wir sind verloren!« rief der Prinz. »Wenn dieses Bett doch fliegen könnte!«

»Warum nicht?« antwortete das Mädchen, »vielleicht kann es das ja.« Und es sagte:

»Flieg, flieg, mein kleines Bett,
flieg, wohin ich will.«

Da hob sich das Bett aus dem Wasser und flog sicher über das tosende Meer dahin. Nun wußte die Meerjungfrau, daß sie verloren hatte, denn sie konnte nicht fliegen. Sie hörte auf zu kämpfen, und der Wal schwamm davon, nachdem er sie noch ein letztes Mal ordentlich geschüttelt hatte. Die Meerjungfrau aber kehrte zu ihrer Höhle zurück und weinte bittere Tränen, so einsam und verlassen fühlte sie sich. Das Meer beruhigte sich zusehends, und das Bett flog dahin, bis es nach einiger Zeit das sichere Ufer erreicht hatte. Der Prinz und das Mädchen stiegen nun aus, und das Mädchen sagte:

»Flieg, flieg, mein kleines Bett,
flieg, wohin du willst.«

Das Bett erhob sich wieder in die Lüfte und flog zu der Meerjungfrau zurück. Das Mädchen dachte daran, daß es nun ans Abschiednehmen ging.

»Lebt wohl«, sagte sie zu dem Prinzen. »Sagt Eurem Vater, dem König, die besten Grüße von mir. Ich möchte nicht das halbe Königreich, sondern nur einen kleinen Bauernhof, auf dem meine Eltern in Frieden und ohne Sorgen leben können.«

»Das ist alles, was du willst?« fragte der Prinz. »Du hast mich gerettet, komm mit mir zum Königshof, denn du verdienst viel mehr!«

»Ich kann nicht mit Euch gehen, denn ich bin nur ein armes Mädchen, und Ihr seid ein Prinz«, erwiderte sie.

Da rief der Prinz voll Inbrunst: »Wenn ich ohne dich sein muß, bin ich ärmer als der Ärmste im Lande, und ich bin reicher als der Reichste, wenn du bei mir bleibst. Willst du mich lieben und meine Frau werden?«

»Ja, das will ich gerne«, sagte das Mädchen, »denn ich liebe Euch bereits.«

Der Prinz nahm die Hand des Mädchens und ging mit seiner Braut zu seinem Vater, der immer noch gramgebeugt weder essen noch trinken wollte. Als er die Geschichte von der Rettung seines Sohnes vernahm, sagte er zu dem Mädchen: »Du sollst nicht das halbe Königreich bekommen, sondern das ganze, denn du hast mich zum glücklichsten Menschen gemacht!«

Doch das Mädchen wollte das Königreich nicht, nicht das halbe und nicht das ganze. Alles, was sie wollte, war der Prinz und ein Bauernhof für ihre Eltern. So wurde Hochzeit gefeiert, und für ihre Eltern baute der König ein hübsches, gemütliches Haus gleich beim Palast, in dem sie zufrieden lebten. Das Mädchen und der Prinz aber wurden so glücklich miteinander, wie es zwei Menschen nur vermögen, und sie blieben es bis zum Ende ihrer Tage.

Aus: Ruth Manning-Sanders: *Märchen und Sagen aus aller Welt*. Rastatt 1980. Das Märchen ist gekürzt und umgeschrieben.

Um Liebe geht es in diesem Märchen, Liebe, die erzwungen werden soll, und Liebe, die frei und spontan entsteht. Die Meerjungfrau und das Mädchen begegnen beide dem Prinzen und sind vom ersten Augenblick an von seiner Schönheit gefangen. Doch die Meerjungfrau vergißt, daß zu einer wahren Liebe Respekt vor den Gefühlen und Bedürfnissen des anderen gehört. Sie denkt nur an ihren Wunsch, nicht allein zu sein, und setzt alles daran, den Prinzen gegen seinen Willen zu erobern.

Die Bereitschaft und Fähigkeit, den anderen als das zu sehen und zu nehmen, was er ist, stellt eine besondere Fähigkeit dar, über die die Waage in besonderem Maße verfügt. Das Mädchen verliebt sich in den Prinzen, und doch kommt es ihr nicht in den Sinn, die Lage für sich zu nutzen. Dankbarkeit und ihre Schönheit öffnen das Herz des Prinzen für sie, doch nicht zuletzt liebt er sie dafür, daß er sich frei für sie entscheiden kann.

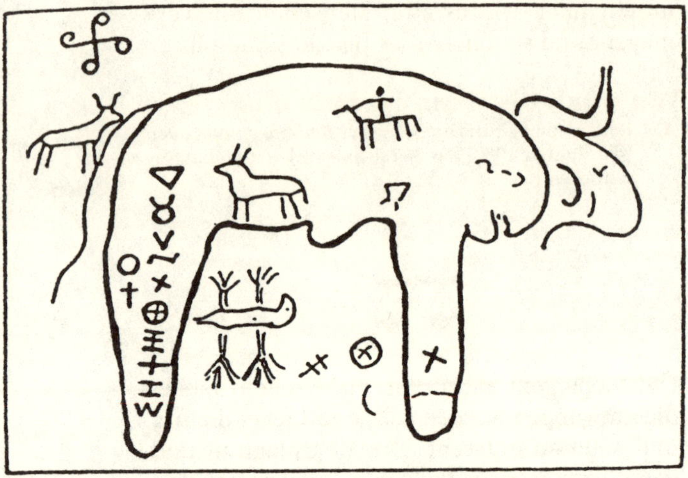

Die älteste bekannte Darstellung der Tierkreiszeichen (ca. 10 000 v. Chr.).
Aus: L. Frobenius, H. Obermaier: Hadschra Maktouba (Kurt Wolf-Verlag, München).

Anhang

Von wann bis wann ist man eine Waage?

Beginn des Waage-Zeichens

23.09.1920 um 09:28; 23.09.1921 um 15:20;
23.09.1922 um 21:10; 24.09.1923 um 03:04;
23.09.1924 um 08:58; 23.09.1925 um 14:44;
23.09.1926 um 20:27; 24.09.1927 um 02:17;
23.09.1928 um 08:06; 23.09.1929 um 13:52;
23.09.1930 um 19:36; 24.09.1931 um 01:23;
23.09.1932 um 07:16; 23.09.1933 um 13:01;
23.09.1934 um 18:45; 24.09.1935 um 00:38;
23.09.1936 um 06:26; 23.09.1937 um 12:13;
23.09.1938 um 18:00; 23.09.1939 um 23:49;
23.09.1940 um 05:46; 23.09.1941 um 11:33;
23.09.1942 um 17:17; 23.09.1943 um 23:12;
23.09.1944 um 05:02; 23.09.1945 um 10:50;
23.09.1946 um 16:41; 23.09.1947 um 22:29;
23.09.1948 um 04:22; 23.09.1949 um 10:06;
23.09.1950 um 15:44; 23.09.1951 um 21:37;
23.09.1952 um 03:24; 23.09.1953 um 09:06;
23.09.1954 um 14:55; 23.09.1955 um 20:41;
23.09.1956 um 02:35; 23.09.1957 um 08:26;
23.09.1958 um 14:09; 23.09.1959 um 20:09;
23.09.1960 um 01:59; 23.09.1961 um 07:43;
23.09.1962 um 13:35; 23.09.1963 um 19:24;
23.09.1964 um 01:17; 23.09.1965 um 07:06;
23.09.1966 um 12:43; 23.09.1967 um 18:38;
23.09.1968 um 00:26; 23.09.1969 um 06:07;
23.09.1970 um 11:59; 23.09.1971 um 17:45;
22.09.1972 um 23:33; 23.09.1973 um 05:21;
23.09.1974 um 10:59; 23.09.1975 um 16:55;
22.09.1976 um 22:48; 23.09.1977 um 04:29;

23.09.1978 um 10:26; 23.09.1979 um 16:17;
22.09.1980 um 22:09; 23.09.1981 um 04:05;
23.09.1982 um 09:46; 23.09.1983 um 15:42;
22.09.1984 um 21:33; 23.09.1985 um 03:08;
23.09.1986 um 08:59; 23.09.1987 um 14:46;
22.09.1988 um 20:29; 23.09.1989 um 02:20;
23.09.1990 um 07:56; 23.09.1991 um 13:48;
22.09.1992 um 19:43; 23.09.1993 um 01:23;
23.09.1994 um 07:19; 23.09.1995 um 13:13;
22.09.1996 um 19:00; 23.09.1997 um 00:56;
23.09.1998 um 06:38; 23.09.1999 um 12:32;
22.09.2000 um 18:28; 23.09.2001 um 00:05;
23.09.2002 um 05:56; 23.09.2003 um 11:47;
22.09.2004 um 17:30; 22.09.2005 um 23:23;
23.09.2006 um 05:04; 23.09.2007 um 10:51;
22.09.2008 um 16:45; 22.09.2009 um 22:19;
23.09.2010 um 04:09; 23.09.2011 um 10:05.
Alle Zeitangaben in mitteleuropäischer Zeit.

Ende des Waage-Zeichens

23.10.1920 um 18:13; 24.10.1921 um 00:02;
24.10.1922 um 05:53; 24.10.1923 um 11:51;
23.10.1924 um 17:44; 23.10.1925 um 23:31;
24.10.1926 um 05:18; 24.10.1927 um 11:07;
23.10.1928 um 16:55; 23.10.1929 um 22:42;
24.10.1930 um 04:26; 24.10.1931 um 10:16;
23.10.1932 um 16:04; 23.10.1933 um 21:48;
24.10.1934 um 03:36; 24.10.1935 um 09:29;
23.10.1936 um 15:18; 23.10.1937 um 21:07;
24.10.1938 um 02:54; 24.10.1939 um 08:46;
23.10.1940 um 14:39; 23.10.1941 um 20:27;
24.10.1942 um 02:15; 24.10.1943 um 08:08;
23.10.1944 um 13:56; 23.10.1945 um 19:44;
24.10.1946 um 01:35; 24.10.1947 um 07:26;
23.10.1948 um 13:18; 23.10.1949 um 19:03;
24.10.1950 um 00:45; 24.10.1951 um 06:36;

23.10.1952 um 12:22; 23.10.1953 um 18:06;
23.10.1954 um 23:57; 24.10.1955 um 05:43;
23.10.1956 um 11:35; 23.10.1957 um 17:24;
23.10.1958 um 23:12; 24.10.1959 um 05:11;
23.10.1960 um 11:02; 23.10.1961 um 16:48;
23.10.1962 um 22:40; 24.10.1963 um 04:29;
23.10.1964 um 10:21; 23.10.1965 um 16:10;
23.10.1966 um 21:51; 24.10.1967 um 03:44;
23.10.1968 um 09:30; 23.10.1969 um 15:11;
23.10.1970 um 21:04; 24.10.1971 um 02:53;
23.10.1972 um 08:42; 23.10.1973 um 14:30;
23.10.1974 um 20:11; 24.10.1975 um 02:06;
23.10.1976 um 07:58; 23.10.1977 um 13:41;
23.10.1978 um 19:37; 24.10.1979 um 01:28;
23.10.1980 um 07:18; 23.10.1981 um 13:13;
23.10.1982 um 18:58; 24.10.1983 um 00:55;
23.10.1984 um 06:46; 23.10.1985 um 12:22;
23.10.1986 um 18:15; 24.10.1987 um 00:01;
23.10.1988 um 05:44; 23.10.1989 um 11:35;
23.10.1990 um 17:14; 23.10.1991 um 23:05;
23.10.1992 um 04:57; 23.10.1993 um 10:37;
23.10.1994 um 16:36; 23.10.1995 um 22:32;
23.10.1996 um 04:19; 23.10.1997 um 10:15;
23.10.1998 um 15:59; 23.10.1999 um 21:53;
23.10.2000 um 03:48; 23.10.2001 um 09:26;
23.10.2002 um 15:18; 23.10.2003 um 21:09;
23.10.2004 um 02:49; 23.10.2005 um 08:43;
23.10.2006 um 14:27; 23.10.2007 um 20:16;
23.10.2008 um 02:09; 23.10.2009 um 07:44;
23.10.2010 um 13:35; 23.10.2011 um 19:31.
Alle Zeitangaben in mitteleuropäischer Zeit.

Lesebeispiel:

»22.09.1980 um 22:09«. Das heißt, am 22.09. 1980 trat die Sonne um 22:09 Uhr in das Tierkreiszeichen Waage. Wer nach 22:09 Uhr geboren wurde, ist also bereits eine Waage, wer vor dieser Zeit zur Welt kam, noch eine Jungfrau.

Die Bestimmung des Mondzeichens

Die einfache Anwendung der Mond-Tabelle

1. Suchen Sie zuerst die Spalte mit Ihrem *Geburtstag*.
2. Suchen Sie die Zeile, in der sich das *Geburtsjahr* befindet.
3. Lesen Sie das Mondzeichen ab.
4. Steht hinter der gesuchten Jahreszahl in Klammern eine Uhrzeit, kann sich der Mond statt im angegebenen Zeichen auch im vorhergehenden befinden. Also statt im Widder auch in den Fischen, statt im Stier auch im Widder und so weiter.
5. Lesen Sie die Texte zu beiden Mondzeichen, um herauszufinden, welches besser auf Sie zutrifft.

Genaue Bestimmung des Mondzeichens

1. Suchen Sie zuerst die Spalte, in der Ihr Geburtstag steht.
2. Wählen Sie die Zeile, in welcher der Jahrgang steht.
3. Ist Ihr Jahrgang nicht dabei, versuchen Sie Ihr Glück in der folgenden Spalte Ihres Geburtsdatums.
4. Da der Mond auch innerhalb eines Tages das Tierkreiszeichen wechseln kann, steht hinter manchen Jahreszahlen in Klammern eine Uhrzeit. Diese gibt in mitteleuropäischer Zeit an, um wieviel Uhr der Mond in

das am Ende der Zeile angegebene Zeichen wechselt. Wurden Sie vor der betreffenden Uhrzeit geboren, steht Ihr Mond nicht im aufgeführten Tierkreiszeichen, sondern in dem vorhergehenden. Wenn Sie die Symbole der Tierkreiszeichen nicht kennen, schauen Sie einfach auf Seite 15 nach.

5. Falls Sie an einem Tag geboren wurden, an dem der Mond das Tierkreiszeichen wechselt und Ihre Geburtszeit weniger als eine Stunde von der Uhrzeit des Zeichenwechsels abweicht, sollten Sie in der Tabelle »Sommerzeiten« nachschauen, ob an Ihrem Geburtstag Sommerzeit war. Bei »normaler« Sommerzeit müssen Sie eine Stunde von Ihrer Geburtszeit abziehen, um die MEZ (mitteleuropäische Zeit) zu erhalten. Bei doppelter Sommerzeit, die es nur 1945 gab, müssen zwei Stunden abgezogen werden, ebenso bei der Hochsommerzeit 1947.
6. Wenn Sie Ihre Geburtszeit nicht kennen, lesen Sie entweder unter beiden Mondzeichen nach und versuchen herauszufinden, welcher Text besser auf Sie zutrifft, oder Sie wenden sich schriftlich (mit frankiertem Rückumschlag) an das Standesamt Ihres Geburtsorts. Hier bekommen Sie in aller Regel umgehend Ihre genaue Geburtszeit mitgeteilt.

Falls Ihnen das alles zu kompliziert vorkommt: Es ist sehr viel leichter, als es im ersten Moment scheint. Zur Veranschaulichung ein paar praktische Beispiele.

Nehmen wir an, wir wollen wissen, welches Mondzeichen ein Mensch hat, der am 27.09.1953 geboren wurde.

Suchen Sie das fettgedruckte Datum 27.09. Gehen Sie in dieser Rubrik nach unten zu dem Jahrgang 1953. In derselben Zeile finden Sie das Symbol für das Tierkreiszeichen Zwilling. Die Uhrzeit (06:00 Uhr) bedeutet, daß um diese Zeit der Mond in das Tierkreiszeichen Krebs wechselte. Wer vor dieser Uhrzeit geboren wurde, hatte also noch einen Zwillingsmond.

Sommerzeiten

14.03.1921 23 h – 26.10.21 0 h MEZ franz. Zone
25.03.1922 23 h – 08.10.22 0 h MEZ franz. Zone
26.05.1923 23 h – 07.10.23 0 h MEZ franz. Zone
29.03.1924 23 h – 05.10.24 0 h MEZ franz. Zone
04.04.1925 23 h – 04.10.25 0 h MEZ franz. Zone
17.04.1926 23 h – 03.10.26 0 h MEZ franz. Zone
09.04.1927 23 h MEZ statt GMT franz. Zone
01.04.1940 2 h – 02.11.42 3 h MES*
01.01.1941 0 h – 02.11.42 3 h MES
01.01.1942 2 h – 02.11.42 3 h MES
29.03.1943 2 h – 04.10.43 3 h MES
03.04.1944 2 h – 02.10.44 3 h MES
02.04.1945 2 h – 16.09.45 2 h MES
(1945: doppelte Sommerzeit vom 24.05. bis 24.09., im sowjetisch besetzten Teil Deutschlands einschließlich West-Berlins bis 18.11. Sommerzeit)
14.04.1946 2 h – 07.10.46 3 h MES
06.04.1947 3 h – 11.05.47 3 h MES
11.05.1947 3 h – 29.06.47 3 h MES + 1
(1947: Vorstellung gegen MEZ: 2 Stunden [Hochsommerzeit])
29.06.1947 3 h – 05.10.47 3 h MES
18.04.1948 2 h – 03.10.48 3 h MES
10.04.1949 2 h – 02.10.49 3 h MES
06.04.1980 2 h – 28.09.80 3 h MES

29.03.1981 2 h – 27.09.81 3 h MES
28.03.1982 2 h – 26.09.82 3 h MES
27.03.1983 2 h – 25.09.83 3 h MES
25.03.1984 2 h – 30.09.84 3 h MES
31.03.1985 2 h – 29.09.85 3 h MES
30.03.1986 2 h – 28.09.86 3 h MES
29.03.1987 2 h – 27.09.87 3 h MES
27.03.1988 2 h – 25.09.88 3 h MES
26.03.1989 2 h – 24.09.89 3 h MES
25.03.1990 2 h – 30.09.90 3 h MES
31.03.1991 2 h – 29.09.91 3 h MES
29.03.1992 2 h – 27.09.92 3 h MES
28.03.1993 2 h – 26.09.93 3 h MES
27.03.1994 2 h – 25.09.94 3 h MES
26.03.1995 2 h – 24.09.95 3 h MES
31.03.1996 2 h – 27.10.96 3 h MES
30.03.1997 2 h – 26.10.97 3 h MES
29.03.1998 2 h – 25.10.98 3 h MES
28.03.1999 2 h – 31.10.99 3 h MES**
26.03.2000 2 h – 29.10.00 3 h MES**
25.03.2001 2 h – 28.10.01 3 h MES**

* 1940 bis 1942 durchgehend
** voraussichtlich (Stand 1998)

GMT = Greenwich mean time (Greenwich-Zeit)
MES = mitteleuropäische Sommerzeit
MEZ = mitteleuropäische Zeit

Geburtsdatum/ Mondzeichen		
22.09.		
1972		♓
1976		♍
1980	(10:27)	♓
1984		♌
1988		♒
1992	(05:19)	♌
1996	(18:39)	♒
2000		♋
2004		♑
2005	(18:07)	♊
2008	(06:49)	♋
2009		♏
23.09.		
1920	(00:33)	♒
1921		♊
1922	(09:27)	♏
1924	(20:52)	♌
1925	(05:17)	♐
1926		♈
1928		♑
1929	(19:25)	♊
1930		♎
1932	(02:13)	♋
1933		♏
1934	(06:13)	♈
1936	(21:53)	♑
1937		♉
1938	(21:19)	♎
1939	(05:24)	♒
1940		♊
1941	(10:23)	♏
1942		♓
1943		♋
1944	(00:16)	♐
1945	(23:53)	♉
1946	(00:38)	♍
1947		♑
1948	(17:40)	♊
1949		♎
1950	(16:09)	♓
1951	(06:34)	♋
1952		♏
1953	(05:30)	♈
1954		♌
1955		♐
1956		♉
1957	(19:33)	♎
1958		♒
1959		♊
1960	(10:18)	♏
1961		♓
1962	(10:07)	♌
1963	(08:50)	♐
1964		♈
1965	(00:30)	♍
1966		♑
1967		♉
1968		♎
1969	(14:22)	♓
1970		♋
1971		♏
1972	(04:44)	♈
1973		♌
1974	(08:22)	♑
1975	(07:43)	♉
1976	(19:28)	♎
1977		♒
1978		♊
1979		♎
1980		♓
1981	(05:08)	♌
1982		♐
1983		♈
1984	(01:19)	♍
1985	(20:11)	♒
1986	(10:13)	♊
1987	(04:58)	♎
1988	(15:51)	♓
1989		♋
1990		♏
1991	(22:56)	♈
1992		♌
1993		♑
1994		♉
1995		♍
1996		♒
1997	(13:33)	♋
1998	(11:22)	♏
1999	(03:51)	♓
2000	(08:00)	♌
2001		♐
2002		♈
2003	(21:05)	♍
2004	(21:10)	♒
2005		♊
2006		♎
2007		♒
2008		♋
2009	(12:43)	♐
2010	(09:47)	♈
24.09.		
1920		♒
1921	(20:06)	♋
1922		♏
1923		♓
1924		♌
1925		♐
1926	(00:12)	♉
1927		♍
1928	(17:01)	♒
1929		♊
1930	(16:07)	♏
1931	(02:28)	♓
1932		♋
1933	(08:49)	♐
1934		♈
1935	(22:18)	♍
1936		♑
1937	(21:46)	♊
1938		♎
1939		♒
1940	(15:57)	♋
1941		♏
1942	(13:57)	♈
1943	(01:34)	♌
1944		♐
1945		♉
1946		♍
1947	(22:38)	♒
1948		♊
1949	(14:20)	♏
1950		♓
1951		♋
1952	(09:33)	♐
1953		♈
1954	(09:11)	♍
1955	(04:01)	♑
1956		♉
1957		♎
1958		♒
1959		♊
1960		♏
1961	(10:40)	♈
1962		♌
1963		♐
1964	(00:46)	♉
1965		♍
1966	(04:48)	♒
1967	(05:21)	♊
1968	(15:39)	♏
1969		♓
1970	(23:54)	♌
1971		♏
1972		♈
1973	(04:58)	♍
1974		♑
1975		♉
1976		♎
1977	(19:30)	♓
1978	(04:31)	♋
1979	(02:54)	♏
1980	(10:37)	♈
1981		♌
1982		♐
1983	(20:12)	♉
1984		♍
1985		♒
1986		♊
1987		♎
1988		♓
1989	(11:44)	♌
1990	(06:52)	♐
1991		♈
1992	(06:08)	♍
1993		♑
1994		♉
1995	(15:50)	♎
1996	(19:43)	♓
1997		♋
1998		♏
1999		♓
2000		♌
2001	(07:48)	♑
2002	(06:55)	♉
2003		♍
2004		♒
2005		♊
2006		♎
2007	(13:55)	♓
2008	(10:13)	♌
2009		♐
2010		♈
25.09.		
1920	(10:57)	♓
1921		♋
1922	(11:11)	♐
1923	(00:23)	♈
1924		♌
1925	(09:37)	♑
1926		♉
1927	(19:30)	♎
1928		♒
1929	(22:52)	♋
1930		♏
1931		♓
1932	(11:32)	♌
1933		♐
1934	(08:47)	♉
1935		♍
1936		♑
1937		♊
1938		♎
1939	(18:00)	♓
1940		♋
1941	(11:24)	♐
1942		♈
1943		♌
1944	(08:55)	♑
1945		♉
1946	(06:40)	♎
1947		♒
1948		♊
1949		♏
1950		♓
1951	(19:07)	♌
1952		♐
1953	(04:45)	♉

Geburtsdatum/ Mondzeichen		
1954		♍
1955		♑
1956	(00:25)	♊
1957	(19:40)	♏
1958	(02:33)	♓
1959	(00:49)	♋
1960	(14:42)	♐
1961		♈
1962	(21:31)	♍
1963	(21:15)	♑
1964		♉
1965	(01:15)	♎
1966		♒
1967		♊
1968		♏
1969	(16:55)	♈
1970		♌
1971	(00:43)	♐
1972	(05:27)	♉
1973		♍
1974	(20:38)	♒
1975	(19:13)	♊
1976	(19:33)	♏
1977		♓
1978		♋
1979		♏
1980		♈
1981	(11:29)	♍
1982	(01:31)	♑
1983		♉
1984	(00:41)	♎
1985		♒
1986	(22:44)	♋
1987	(13:30)	♏
1988	(15:29)	♈
1989		♌
1990		♐
1991		♈
1992		♍
1993	(05:19)	♒
1994	(03:41)	♊
1995		♎
1996		♓
1997	(23:12)	♌
1998		♏
1999	(08:34)	♈
2000	(10:02)	♍
2001		♑
2002		♉
2003	(23:49)	♎
2004	(23:55)	♓
2005	(03:10)	♋
2006	(02:54)	♏
2007		♓
2008		♌
2009	(23:19)	♑
2010	(21:16)	♉

Geburtsdatum/ Mondzeichen		
26.09.		
1920		♓
1921	(22:57)	♌
1922		♐
1923		♈
1924	(06:06)	♍
1925		♑
1926	(02:50)	♊
1927		♎
1928		♒
1929		♋
1930	(20:34)	♐
1931	(15:09)	♈
1932		♌
1933	(11:23)	♑
1934		♉
1935		♍
1936	(05:53)	♒
1937		♊
1938	(01:57)	♏
1939		♓
1940	(22:09)	♌
1941		♐
1942	(20:34)	♉
1943	(14:30)	♍
1944		♑
1945	(00:31)	♊
1946		♎
1947		♒
1948	(00:46)	♋
1949	(15:21)	♐
1950	(00:32)	♈
1951		♌
1952	(15:06)	♑
1953		♉
1954	(19:11)	♎
1955	(16:07)	♒
1956		♊
1957		♏
1958		♓
1959		♋
1960		♐
1961	(11:42)	♉
1962		♍
1963		♑
1964	(03:46)	♊
1965		♎
1966	(16:48)	♓
1967	(16:45)	♋
1968	(17:30)	♐
1969		♈
1970		♌
1971		♐
1972		♉
1973	(09:00)	♎
1974		♒
1975		♊

Geburtsdatum/ Mondzeichen		
1976		♏
1977		♓
1978	(17:02)	♌
1979	(12:36)	♐
1980	(09:53)	♉
1981		♍
1982		♑
1983		♉
1984		♎
1985	(03:50)	♓
1986		♋
1987		♏
1988		♈
1989	(21:32)	♍
1990	(19:36)	♑
1991	(04:59)	♉
1992	(05:55)	♎
1993		♒
1994		♊
1995	(20:20)	♏
1996	(20:46)	♈
1997		♌
1998	(00:05)	♐
1999		♈
2000		♍
2001	(19:05)	♒
2002	(19:26)	♊
2003		♎
2004		♓
2005		♋
2006		♏
2007	(15:22)	♈
2008	(14:52)	♍
2009		♑
2010		♉
27.09.		
1920	(18:35)	♈
1921		♌
1922	(16:15)	♑
1923	(12:22)	♉
1924		♍
1925	(12:29)	♒
1926		♊
1927		♎
1928	(00:01)	♓
1929		♋
1930		♐
1931		♈
1932	(17:07)	♍
1933		♑
1934	(14:33)	♊
1935	(11:05)	♎
1936		♒
1937	(00:24)	♋
1938		♏
1939		♓
1940		♌

Geburtsdatum/ Mondzeichen		
1941	(13:44)	♑
1942		♉
1943		♍
1944	(14:10)	♒
1945		♊
1946	(15:12)	♏
1947	(10:24)	♓
1948		♋
1949		♐
1950		♈
1951		♌
1952		♑
1953	(06:00)	♊
1954		♎
1955		♒
1956	(05:00)	♋
1957	(22:27)	♐
1958	(14:07)	♈
1959	(11:36)	♌
1960	(17:54)	♑
1961		♉
1962		♍
1963		♑
1964		♊
1965	(03:47)	♏
1966		♓
1967		♋
1968		♐
1969	(21:29)	♉
1970	(12:53)	♍
1971	(10:53)	♑
1972	(06:14)	♊
1973		♎
1974		♒
1975		♊
1976	(20:21)	♐
1977	(01:40)	♈
1978		♌
1979		♐
1980		♉
1981	(19:40)	♎
1982	(14:21)	♒
1983	(04:24)	♊
1984	(00:04)	♏
1985		♓
1986		♋
1987	(19:49)	♐
1988	(15:29)	♉
1989		♍
1990		♑
1991		♉
1992		♎
1993	(16:13)	♓
1994	(16:12)	♋
1995		♏
1996		♈
1997		♌

Geburtsdatum/ Mondzeichen			Geburtsdatum/ Mondzeichen			Geburtsdatum/ Mondzeichen			Geburtsdatum/ Mondzeichen		
1998		♐	1963	(07:03)	♒	1928	(03:31)	♈	1985		♈
1999	(10:51)	♉	1964	(06:39)	♋	1929		♌	1986		♌
2000	(12:22)	♎	1965		♏	1930	(04:48)	♑	1987		♐
2001		♒	1966		♓	1931	(04:07)	♉	1988	(17:43)	♊
2002		♊	1967		♋	1932	(19:22)	♎	1989	(09:15)	♎
2003		♎	1968	(19:44)	♑	1933		♒	1990	(06:54)	♒
2004		♓	1969		♉	1934		♊	1991		♊
2005	(15:03)	♌	1970		♍	1935	(23:06)	♏	1992		♏
2006	(14:16)	♐	1971		♑	1936		♓	1993		♓
2007		♈	1972		♊	1937	(04:14)	♌	1994		♋
2008		♍	1973	(15:18)	♏	1938		♐	1995		♐
2009		♑	1974	(09:14)	♓	1939		♈	1996		♉
2010		♉	1975	(04:07)	♋	1940	(00:41)	♍	1997		♍
28.09.			1976		♐	1941	(18:17)	♒	1998		♑
1920		♈	1977		♈	1942	(06:05)	♊	1999	(12:21)	♊
1921		♌	1978		♌	1943	(01:56)	♎	2000	(16:30)	♏
1922		♑	1979	(19:40)	♑	1944	(15:58)	♓	2001	(07:50)	♓
1923		♉	1980	(10:21)	♊	1945		♋	2002	(06:01)	♋
1924	(11:53)	♎	1981		♎	1946		♏	2003		♏
1925		♒	1982		♒	1947	(19:58)	♈	2004		♈
1926	(09:35)	♋	1983		♊	1948		♌	2005		♌
1927	(08:05)	♏	1984		♏	1949		♑	2006	(23:01)	♑
1928		♓	1985	(13:43)	♈	1950		♉	2007		♉
1929	(01:28)	♌	1986	(10:39)	♌	1951		♍	2008		♎
1930		♐	1987		♐	1952		♒	2009		♒
1931		♈	1988		♉	1953	(10:56)	♋	2010		♊
1932		♍	1989		♍	1954	(06:52)	♏	**30.09.**		
1933	(14:27)	♒	1990		♑	1955	(01:12)	♓	1920		♉
1934		♊	1991	(09:25)	♊	1956	(07:49)	♌	1921		♍
1935		♎	1992	(06:44)	♏	1957		♐	1922	(01:02)	♒
1936	(09:39)	♓	1993		♓	1958		♈	1923	(01:06)	♊
1937		♋	1994		♋	1959	(19:04)	♍	1924	(15:00)	♏
1938	(10:02)	♐	1995	(23:30)	♐	1960	(20:32)	♒	1925		♓
1939	(06:22)	♈	1996	(23:24)	♉	1961		♊	1926	(20:10)	♌
1940		♌	1997	(11:27)	♍	1962		♎	1927	(20:54)	♐
1941		♑	1998	(11:30)	♑	1963		♒	1928		♈
1942		♉	1999		♉	1964		♋	1929	(03:52)	♍
1943		♍	2000		♎	1965	(09:42)	♐	1930		♑
1944		♒	2001		♒	1966	(05:29)	♈	1931		♉
1945	(03:38)	♋	2002		♊	1967	(00:41)	♌	1932		♎
1946		♏	2003	(00:52)	♏	1968		♑	1933	(18:27)	♓
1947		♓	2004	(03:57)	♈	1969		♉	1934	(00:14)	♋
1948	(04:35)	♌	2005		♌	1970		♍	1935		♏
1949	(19:07)	♑	2006		♐	1971	(17:39)	♒	1936	(10:10)	♈
1950	(11:08)	♉	2007	(15:17)	♉	1972	(08:38)	♋	1937		♌
1951	(06:05)	♍	2008	(21:05)	♎	1973		♏	1938	(21:20)	♑
1952	(18:24)	♒	2009	(12:07)	♒	1974		♓	1939	(17:28)	♉
1953		♊	2010	(07:10)	♊	1975		♋	1940		♍
1954		♎	**29.09.**			1976	(23:13)	♑	1941		♒
1955		♒	1920	(23:49)	♉	1977	(10:21)	♉	1942		♊
1956		♋	1921	(00:01)	♍	1978	(05:11)	♍	1943		♎
1957		♐	1922		♑	1979		♑	1944		♓
1958		♈	1923		♉	1980		♊	1945	(09:47)	♌
1959		♌	1924		♎	1981		♎	1946	(02:32)	♐
1960		♑	1925	(14:19)	♓	1982		♒	1947		♈
1961	(15:31)	♊	1926		♋	1983	(10:24)	♋	1948	(05:40)	♍
1962	(10:08)	♎	1927		♏	1984	(01:32)	♐	1949		♑

Geburtsdatum/ Mondzeichen		
1950	(23:26)	♊
1951	(14:08)	♎
1952	(19:52)	♓
1953		♋
1954		♏
1955		♓
1956		♌
1957	(04:59)	♑
1958	(02:58)	♉
1959		♍
1960		♒
1961	(23:19)	♋
1962	(22:49)	♏
1963	(12:47)	♓
1964	(09:52)	♌
1965		♐
1966		♈
1967		♌
1968	(23:11)	♒
1969	(05:05)	♊
1970	(01:33)	♎
1971		♒
1972		♋
1973		♏
1974	(20:25)	♈
1975	(09:20)	♌
1976		♑
1977		♉
1978		♍
1979	(23:49)	♒
1980	(13:46)	♋
1981	(05:53)	♏
1982	(01:18)	♓
1983		♋
1984		♐
1985		♈
1986	(19:58)	♍
1987	(00:08)	♑
1988		♊
1989		♎
1990		♒
1991	(12:58)	♋
1992	(10:33)	♐
1993	(04:29)	♈
1994	(01:55)	♌
1995		♐
1996		♉
1997		♍
1998	(19:53)	♒
1999		♊
2000		♏
2001		♓
2002		♋
2003	(01:57)	♐
2004	(10:24)	♉
2005	(03:44)	♍
2006		♑
2007	(15:34)	♊
2008		♎
2009		♒
2010	(14:46)	♋
01.10.		
1920		♉
1921	(00:41)	♎
1922		♒
1923		♊
1924		♏
1925	(16:06)	♈
1926		♌
1927		♐
1928	(04:59)	♉
1929		♍
1930	(16:09)	♒
1931	(16:03)	♊
1932	(19:44)	♏
1933		♓
1934		♋
1935		♏
1936		♈
1937	(09:29)	♍
1938		♑
1939		♉
1940	(00:46)	♎
1941		♒
1942	(18:03)	♋
1943	(11:04)	♏
1944	(15:30)	♈
1945		♌
1946		♐
1947		♈
1948		♍
1949	(02:13)	♒
1950		♊
1951		♎
1952		♓
1953	(19:53)	♌
1954	(19:41)	♐
1955	(06:46)	♈
1956	(09:24)	♍
1957		♑
1958		♉
1959	(23:08)	♎
1960	(23:14)	♓
1961		♋
1962		♏
1963		♓
1964		♌
1965	(19:29)	♑
1966	(17:47)	♉
1967	(04:38)	♍
1968		♒
1969		♊
1970		♎
1971	(20:37)	♓
1972	(13:25)	♌
1973	(00:47)	♐
1974		♈
1975		♌
1976		♑
1977	(21:33)	♊
1978	(15:17)	♎
1979		♒
1980		♋
1981		♏
1982		♓
1983	(13:54)	♌
1984	(06:28)	♑
1985	(01:35)	♉
1986		♍
1987		♑
1988	(23:39)	♋
1989	(21:53)	♏
1990	(14:42)	♓
1991		♋
1992		♐
1993		♈
1994		♌
1995	(02:10)	♑
1996	(05:02)	♊
1997	(00:32)	♎
1998		♒
1999	(14:31)	♋
2000	(23:50)	♐
2001	(20:08)	♈
2002	(12:58)	♌
2003		♐
2004		♉
2005		♍
2006		♑
2007		♊
2008	(05:26)	♏
2009	(00:26)	♓
2010		♋
02.10.		
1920	(03:32)	♊
1921		♎
1922	(12:40)	♓
1923	(13:00)	♋
1924	(16:54)	♐
1925		♈
1926		♌
1927		♐
1928		♉
1929	(07:09)	♎
1930		♒
1931		♊
1932		♏
1933	(23:51)	♈
1934	(12:44)	♌
1935	(09:41)	♐
1936	(09:25)	♉
1937		♍
1938		♑
1939		♉
1940		♎
1941	(01:18)	♓
1942		♋
1943		♏
1944		♈
1945	(18:34)	♍
1946	(15:29)	♑
1947	(03:15)	♉
1948	(05:30)	♎
1949		♒
1950		♊
1951	(19:23)	♏
1952	(20:34)	♈
1953		♌
1954		♐
1955		♈
1956		♍
1957	(15:04)	♒
1958	(15:50)	♊
1959		♎
1960		♓
1961		♋
1962		♏
1963	(14:48)	♈
1964	(13:42)	♍
1965		♑
1966		♉
1967		♍
1968		♒
1969	(15:52)	♋
1970	(12:35)	♏
1971		♓
1972		♌
1973		♐
1974		♈
1975	(11:03)	♍
1976	(04:49)	♒
1977		♊
1978		♎
1979		♒
1980	(20:57)	♌
1981	(17:59)	♐
1982	(09:06)	♈
1983		♌
1984		♑
1985		♉
1986		♍
1987	(02:51)	♒
1988		♋
1989		♏
1990		♓
1991	(15:58)	♌
1992	(18:29)	♑
1993	(17:13)	♉

Geburtsdatum/ Mondzeichen		
1994	(07:39)	♍
1995		♑
1996		♊
1997		♎
1998		♒
1999		♋
2000		♐
2001		♈
2002		♌
2003	(04:21)	♑
2004	(19:55)	♊
2005	(15:24)	♎
2006	(04:24)	♒
2007	(17:57)	♋
2008		♏
2009		♓
2010	(19:21)	♌
03.10.		
1920		♊
1921	(02:37)	♏
1922		♓
1923		♋
1924		♐
1925	(19:20)	♉
1926	(08:49)	♍
1927	(08:13)	♑
1928	(06:09)	♊
1929		♎
1930		♒
1931		♊
1932	(20:02)	♐
1933		♈
1934		♌
1935		♐
1936		♉
1937	(16:31)	♎
1938	(09:58)	♒
1939	(02:38)	♊
1940	(00:12)	♏
1941		♓
1942		♋
1943	(18:03)	♐
1944	(14:46)	♉
1945		♍
1946		♑
1947		♉
1948		♎
1949	(12:19)	♓
1950	(11:59)	♋
1951		♏
1952		♈
1953		♌
1954		♐
1955	(09:52)	♉
1956	(11:01)	♎
1957		♒
1958		♊
1959		♎
1960		♓
1961	(10:43)	♌
1962	(10:40)	♐
1963		♈
1964		♍
1965		♑
1966		♉
1967	(05:34)	♎
1968	(04:21)	♓
1969		♋
1970		♏
1971	(20:40)	♈
1972	(20:31)	♍
1973	(13:02)	♑
1974	(05:39)	♉
1975		♍
1976		♒
1977		♊
1978	(22:48)	♏
1979	(01:23)	♓
1980		♌
1981		♐
1982		♈
1983	(15:15)	♍
1984	(15:03)	♒
1985	(14:36)	♊
1986	(02:03)	♎
1987		♒
1988		♋
1989		♏
1990	(18:42)	♈
1991		♌
1992		♑
1993		♉
1994		♍
1995	(04:59)	♒
1996	(14:14)	♋
1997	(12:57)	♏
1998	(00:23)	♓
1999	(18:13)	♌
2000		♐
2001		♈
2002	(15:52)	♍
2003		♑
2004		♊
2005		♎
2006		♒
2007		♋
2008	(16:14)	♐
2009	(10:20)	♈
2010		♌
04.10.		
1920	(06:29)	♋
1921		♏
1922		♓
1923	(22:14)	♌
1924	(19:02)	♑
1925		♉
1926		♍
1927		♑
1928		♊
1929	(12:40)	♏
1930	(04:48)	♓
1931	(01:38)	♋
1932		♐
1933		♈
1934		♌
1935	(18:02)	♑
1936	(09:37)	♊
1937		♎
1938		♒
1939		♊
1940		♏
1941	(10:37)	♈
1942	(06:35)	♌
1943		♐
1944		♉
1945		♍
1946		♑
1947	(08:44)	♊
1948	(05:58)	♏
1949		♓
1950		♋
1951	(22:48)	♐
1952	(22:05)	♉
1953	(07:40)	♍
1954	(08:04)	♑
1955		♉
1956		♎
1957		♒
1958		♊
1959	(00:54)	♏
1960	(02:46)	♈
1961		♌
1962		♐
1963	(14:50)	♉
1964	(18:44)	♎
1965	(07:48)	♒
1966	(04:43)	♊
1967		♎
1968		♓
1969		♋
1970	(21:31)	♐
1971		♈
1972		♍
1973		♑
1974		♉
1975	(10:39)	♎
1976	(13:10)	♓
1977	(10:09)	♋
1978		♏
1979		♓
1980		♌
1981		♐
1982	(14:09)	♉
1983		♍
1984		♒
1985		♊
1986		♎
1987	(04:39)	♓
1988	(09:31)	♌
1989	(10:29)	♐
1990		♈
1991	(18:45)	♍
1992		♑
1993		♉
1994	(09:56)	♎
1995		♒
1996		♋
1997		♏
1998		♓
1999		♌
2000	(10:42)	♑
2001	(07:01)	♉
2002		♍
2003	(08:45)	♒
2004		♊
2005		♎
2006	(06:33)	♓
2007	(23:27)	♌
2008		♐
2009		♈
2010	(21:00)	♍
05.10.		
1920		♋
1921	(07:22)	♐
1922	(01:36)	♈
1923		♌
1924		♑
1925		♉
1926	(21:28)	♎
1927	(16:07)	♒
1928	(08:21)	♋
1929		♏
1930		♓
1931		♋
1932	(22:00)	♑
1933	(07:18)	♉
1934	(01:31)	♍
1935		♑
1936		♊
1937		♎
1938	(21:27)	♓
1939	(09:16)	♋
1940	(00:54)	♐
1941		♈
1942		♌
1943	(23:11)	♑
1944	(15:59)	♊
1945	(05:17)	♎

Geburtsdatum/ Mondzeichen		
1946	(03:27)	♒
1947		♊
1948		♏
1949		♓
1950	(22:40)	♌
1951		♐
1952		♉
1953		♍
1954		♑
1955	(11:59)	♊
1956	(14:19)	♏
1957	(03:17)	♓
1958	(03:00)	♋
1959		♏
1960		♈
1961	(23:45)	♍
1962	(20:35)	♑
1963		♉
1964		♎
1965		♒
1966		♊
1967	(05:14)	♏
1968	(11:35)	♈
1969	(04:25)	♌
1970		♐
1971	(19:42)	♉
1972		♍
1973		♑
1974	(13:00)	♊
1975		♎
1976		♓
1977		♋
1978		♏
1979	(01:28)	♈
1980	(07:19)	♍
1981	(06:49)	♑
1982		♉
1983	(15:42)	♎
1984		♒
1985		♊
1986	(05:35)	♏
1987		♓
1988		♌
1989		♐
1990	(20:06)	♉
1991		♍
1992	(05:53)	♒
1993	(05:27)	♊
1994		♎
1995	(08:35)	♓
1996		♋
1997	(23:43)	♐
1998	(01:32)	♈
1999	(23:40)	♍
2000		♑
2001		♉
2002	(15:51)	♎
2003		♒
2004	(07:54)	♋
2005	(01:03)	♏
2006		♓
2007		♌
2008		♐
2009	(17:33)	♉
2010		♍
06.10.		
1920	(09:14)	♌
1921		♐
1922		♈
1923		♌
1924	(22:19)	♒
1925	(01:35)	♊
1926		♎
1927		♒
1928		♋
1929	(21:18)	♐
1930	(16:52)	♈
1931	(07:49)	♌
1932		♑
1933		♉
1934		♍
1935	(23:20)	♒
1936	(12:29)	♋
1937	(01:55)	♏
1938		♓
1939		♋
1940		♐
1941	(21:52)	♉
1942	(17:13)	♍
1943		♑
1944		♊
1945		♎
1946		♒
1947	(12:47)	♋
1948	(08:55)	♐
1949	(00:27)	♈
1950		♌
1951		♐
1952		♉
1953	(20:28)	♎
1954	(17:45)	♒
1955		♊
1956		♏
1957		♓
1958		♋
1959	(01:54)	♐
1960	(08:09)	♉
1961		♍
1962		♑
1963	(14:58)	♊
1964		♎
1965	(20:14)	♓
1966	(13:12)	♋
1967		♏
1968		♈
1969		♌
1970		♐
1971		♉
1972	(05:35)	♎
1973	(01:49)	♒
1974		♊
1975	(10:08)	♏
1976	(23:50)	♈
1977	(21:58)	♌
1978	(04:07)	♐
1979		♈
1980		♍
1981		♑
1982	(17:39)	♊
1983		♎
1984	(02:19)	♓
1985	(02:59)	♋
1986		♏
1987	(06:35)	♈
1988	(22:01)	♍
1989	(21:45)	♑
1990		♉
1991	(22:00)	♎
1992		♒
1993		♊
1994	(10:22)	♏
1995		♓
1996	(02:12)	♌
1997		♐
1998		♈
1999		♍
2000	(23:33)	♒
2001	(16:12)	♊
2002		♎
2003	(15:20)	♓
2004		♋
2005		♏
2006	(06:32)	♈
2007		♌
2008	(04:48)	♑
2009		♉
2010	(20:51)	♎
07.10.		
1920		♌
1921	(15:45)	♑
1922	(14:20)	♉
1923	(03:41)	♍
1924		♒
1925		♊
1926		♎
1927	(19:50)	♓
1928	(12:18)	♌
1929		♐
1930		♈
1931		♌
1932		♑
1933	(17:18)	♊
1934	(12:20)	♎
1935		♒
1936		♋
1937		♏
1938		♓
1939	(13:10)	♌
1940	(04:28)	♑
1941		♉
1942		♍
1943		♑
1944	(20:56)	♋
1945	(17:24)	♏
1946	(12:09)	♓
1947		♋
1948		♐
1949		♈
1950		♌
1951	(01:30)	♑
1952	(02:15)	♊
1953		♎
1954		♒
1955	(14:23)	♋
1956	(20:46)	♐
1957	(15:57)	♈
1958	(10:51)	♌
1959		♐
1960		♉
1961		♍
1962		♑
1963		♊
1964	(01:57)	♏
1965		♓
1966		♋
1967	(05:32)	♐
1968	(21:06)	♉
1969	(16:21)	♍
1970	(04:10)	♑
1971	(19:53)	♊
1972		♎
1973		♒
1974	(18:30)	♋
1975		♏
1976		♈
1977		♌
1978		♐
1979	(01:45)	♉
1980	(19:30)	♎
1981	(18:01)	♒
1982		♊
1983	(17:06)	♏
1984		♓
1985		♋
1986	(07:48)	♐
1987		♈
1988		♍
1989		♑

Geburtsdatum/ Mondzeichen			*Geburtsdatum/ Mondzeichen*			*Geburtsdatum/ Mondzeichen*			*Geburtsdatum/ Mondzeichen*		
1990	(20:47)	♊	1955		♋	1920		♍	1977	(06:59)	♍
1991		♎	1956		♐	1921		♑	1978		♑
1992	(18:38)	♓	1957		♈	1922		♉	1979	(04:07)	♊
1993	(15:42)	♋	1958		♌	1923	(05:35)	♎	1980		♎
1994		♏	1959	(03:38)	♑	1924	(03:06)	♓	1981		♒
1995	(13:41)	♈	1960	(16:16)	♊	1925		♋	1982		♋
1996		♌	1961	(12:04)	♎	1926		♏	1983	(21:21)	♐
1997		♐	1962	(03:22)	♒	1927	(20:15)	♈	1984		♈
1998	(00:57)	♉	1963	(17:01)	♋	1928	(18:13)	♍	1985		♌
1999		♍	1964		♏	1929	(08:49)	♑	1986	(09:52)	♑
2000		♒	1965		♓	1930	(03:14)	♉	1987		♉
2001		♊	1966	(18:25)	♌	1931		♍	1988	(11:03)	♎
2002	(14:57)	♏	1967		♐	1932		♒	1989	(06:07)	♒
2003		♓	1968		♉	1933		♊	1990	(22:29)	♋
2004	(20:23)	♌	1969		♍	1934	(20:32)	♏	1991	(03:00)	♏
2005	(08:28)	♐	1970		♑	1935	(01:27)	♓	1992		♓
2006		♈	1971		♊	1936		♌	1993	(22:34)	♌
2007	(08:03)	♍	1972	(16:27)	♏	1937		♐	1994		♐
2008		♑	1973	(12:23)	♓	1938		♈	1995	(21:05)	♉
2009	(22:46)	♊	1974		♋	1939	(14:46)	♍	1996		♍
2010		♎	1975	(11:35)	♐	1940	(11:44)	♒	1997		♑
08.10.			1976		♈	1941	(10:23)	♊	1998	(00:43)	♊
1920	(12:23)	♍	1977		♌	1942	(00:33)	♎	1999		♎
1921		♑	1978	(07:52)	♑	1943		♒	2000	(11:36)	♓
1922		♉	1979		♉	1944		♋	2001		♋
1923		♍	1980		♎	1945		♏	2002	(15:21)	♐
1924		♒	1981		♒	1946	(17:05)	♈	2003	(00:07)	♈
1925	(11:33)	♋	1982	(20:39)	♋	1947		♌	2004		♌
1926	(08:59)	♏	1983		♏	1948		♑	2005	(13:43)	♑
1927		♓	1984	(14:51)	♈	1949		♉	2006		♉
1928		♌	1985	(12:34)	♌	1950		♍	2007	(18:58)	♎
1929		♐	1986		♐	1951	(04:19)	♒	2008		♒
1930		♈	1987	(09:57)	♉	1952	(10:16)	♋	2009		♊
1931	(10:34)	♍	1988		♍	1953	(08:56)	♏	2010		♏
1932	(02:44)	♒	1989		♑	1954		♓	**10.10.**		
1933		♊	1990		♊	1955	(17:41)	♌	1920	(16:44)	♎
1934		♎	1991		♎	1956		♐	1921	(03:12)	♒
1935		♒	1992		♓	1957		♈	1922	(01:44)	♊
1936	(18:45)	♌	1993		♋	1958	(14:49)	♍	1923		♎
1937	(13:44)	♐	1994	(10:47)	♐	1959		♑	1924		♓
1938	(06:22)	♈	1995		♈	1960		♊	1925		♋
1939		♌	1996	(14:49)	♍	1961		♎	1926	(18:54)	♐
1940		♑	1997	(08:04)	♑	1962		♒	1927		♈
1941		♉	1998		♉	1963		♋	1928		♍
1942		♍	1999	(06:52)	♎	1964	(12:02)	♐	1929		♑
1943	(02:39)	♒	2000		♒	1965	(06:54)	♈	1930		♉
1944		♋	2001	(23:19)	♋	1966		♌	1931	(10:50)	♎
1945		♏	2002		♏	1967	(08:04)	♑	1932	(10:26)	♓
1946		♓	2003		♓	1968		♉	1933	(05:29)	♋
1947	(15:41)	♌	2004		♌	1969		♍	1934		♏
1948	(15:31)	♑	2005		♐	1970	(08:26)	♒	1935		♓
1949	(13:26)	♉	2006	(06:04)	♉	1971	(23:10)	♋	1936		♌
1950	(05:54)	♍	2007		♍	1972		♏	1937		♐
1951		♑	2008	(17:03)	♒	1973		♓	1938	(12:43)	♉
1952		♊	2009		♊	1974	(22:03)	♌	1939		♍
1953		♎	2010	(20:52)	♏	1975		♐	1940		♒
1954	(23:17)	♓	**09.10.**			1976	(12:11)	♉	1941		♊

Geburtsdatum/ Mondzeichen			*Geburtsdatum/ Mondzeichen*			*Geburtsdatum/ Mondzeichen*			*Geburtsdatum/ Mondzeichen*		
1942		♎	1999	(16:01)	♏	1964		♐	1929		♒
1943	(04:44)	♓	2000		♓	1965	(15:16)	♉	1930		♊
1944	(06:03)	♌	2001		♋	1966		♍	1931	(10:17)	♏
1945	(06:17)	♐	2002		♐	1967	(13:45)	♒	1932	(20:36)	♈
1946		♈	2003		♈	1968		♊	1933	(18:02)	♌
1947	(17:57)	♍	2004	(07:00)	♍	1969		♎	1934	(02:32)	♐
1948		♑	2005		♑	1970	(10:30)	♓	1935		♈
1949		♉	2006	(07:06)	♊	1971		♋	1936		♍
1950	(09:29)	♎	2007		♎	1972	(04:52)	♐	1937		♑
1951		♒	2008		♒	1973		♈	1938	(17:10)	♊
1952		♋	2009	(02:48)	♋	1974	(23:56)	♍	1939		♎
1953		♏	2010	(23:09)	♐	1975		♑	1940		♓
1954		♓	**11.10.**			1976		♉	1941		♋
1955		♌	1920		♎	1977	(12:29)	♎	1942		♏
1956	(06:48)	♑	1921		♒	1978		♒	1943	(06:12)	♈
1957	(03:48)	♉	1922		♊	1979	(10:09)	♋	1944	(18:04)	♍
1958		♍	1923	(05:25)	♏	1980		♏	1945	(18:33)	♑
1959	(07:12)	♒	1924	(09:31)	♈	1981		♓	1946		♉
1960		♊	1925	(00:09)	♌	1982		♌	1947	(20:31)	♎
1961	(22:19)	♏	1926		♐	1983		♐	1948		♒
1962	(06:29)	♓	1927	(19:17)	♉	1984	(03:28)	♉	1949		♊
1963	(21:54)	♌	1928		♍	1985		♍	1950	(10:31)	♏
1964		♐	1929	(21:25)	♒	1986	(12:45)	♒	1951		♓
1965		♈	1930	(11:29)	♊	1987		♊	1952		♌
1966	(20:27)	♍	1931		♎	1988	(22:58)	♏	1953		♐
1967		♑	1932		♓	1989	(10:38)	♓	1954		♈
1968	(08:43)	♊	1933		♋	1990		♋	1955		♍
1969	(01:48)	♎	1934		♏	1991	(10:58)	♐	1956	(19:09)	♒
1970		♒	1935	(01:20)	♈	1992		♈	1957	(14:01)	♊
1971		♋	1936	(04:01)	♍	1993		♌	1958		♎
1972		♏	1937	(02:47)	♑	1994		♑	1959	(13:06)	♓
1973	(19:29)	♈	1938		♉	1995		♉	1960		♋
1974		♌	1939	(15:15)	♎	1996	(02:00)	♎	1961		♏
1975	(16:29)	♑	1940	(22:18)	♓	1997		♒	1962	(06:41)	♈
1976		♉	1941	(22:53)	♋	1998	(02:48)	♋	1963		♌
1977		♍	1942	(04:46)	♏	1999		♏	1964	(00:32)	♑
1978	(10:42)	♒	1943		♓	2000	(20:51)	♈	1965		♉
1979		♊	1944		♌	2001	(03:54)	♌	1966	(20:29)	♎
1980	(08:15)	♏	1945		♐	2002	(18:45)	♑	1967		♒
1981	(01:32)	♓	1946	(19:20)	♉	2003	(11:05)	♉	1968	(21:23)	♋
1982	(23:44)	♌	1947		♍	2004		♍	1969	(08:19)	♏
1983		♐	1948	(01:42)	♒	2005	(17:05)	♒	1970		♓
1984		♈	1949	(02:02)	♊	2006		♊	1971	(06:30)	♌
1985	(18:09)	♍	1950		♎	2007		♎	1972		♐
1986		♑	1951	(07:46)	♓	2008	(02:31)	♓	1973	(23:36)	♉
1987	(16:03)	♊	1952	(21:50)	♌	2009		♋	1974		♍
1988		♎	1953	(20:19)	♐	2010		♐	1975		♑
1989		♒	1954	(00:58)	♈	**12.10.**			1976	(01:14)	♊
1990		♋	1955	(22:11)	♍	1920	(23:13)	♏	1977		♎
1991		♏	1956		♑	1921	(15:51)	♓	1978	(13:12)	♓
1992	(06:36)	♈	1957		♉	1922	(10:52)	♋	1979		♋
1993		♌	1958	(15:44)	♎	1923		♏	1980	(20:37)	♐
1994	(12:44)	♑	1959		♒	1924		♈	1981	(05:01)	♈
1995		♉	1960	(03:18)	♋	1925		♌	1982		♌
1996		♍	1961		♏	1926		♐	1983	(05:30)	♑
1997	(13:29)	♒	1962		♓	1927		♉	1984		♉
1998		♊	1963		♌	1928	(02:14)	♎	1985	(20:12)	♎

Geburtsdatum/ Mondzeichen		
1986		♒
1987		♊
1988		♏
1989		♓
1990	(02:16)	♌
1991		♐
1992	(16:48)	♉
1993	(01:36)	♍
1994	(17:09)	♒
1995	(07:10)	♊
1996		♎
1997	(15:59)	♓
1998		♋
1999		♏
2000		♈
2001		♌
2002		♑
2003		♉
2004	(14:32)	♎
2005		♒
2006	(11:21)	♋
2007	(07:13)	♏
2008		♓
2009	(06:02)	♌
2010		♐
13.10.		
1920		♏
1921		♓
1922		♋
1923	(05:08)	♐
1924	(17:50)	♉
1925	(12:43)	♍
1926	(02:47)	♑
1927	(19:12)	♊
1928		♎
1929		♒
1930	(17:29)	♋
1931		♏
1932		♈
1933		♌
1934		♐
1935	(00:53)	♉
1936	(15:19)	♎
1937	(14:37)	♒
1938		♊
1939	(16:18)	♏
1940		♓
1941		♋
1942	(07:10)	♐
1943		♈
1944		♍
1945		♑
1946	(20:37)	♊
1947		♎
1948	(14:03)	♓
1949	(12:51)	♋
1950		♏
1951	(12:19)	♈
1952		♌
1953		♐
1954	(00:32)	♉
1955		♍
1956		♒
1957		♊
1958	(15:11)	♏
1959		♓
1960	(15:55)	♌
1961	(06:21)	♐
1962		♈
1963	(05:34)	♍
1964		♑
1965	(21:40)	♊
1966		♎
1967	(22:38)	♓
1968		♋
1969		♏
1970	(11:12)	♈
1971		♌
1972	(17:44)	♑
1973		♉
1974		♍
1975	(01:10)	♒
1976		♊
1977	(15:11)	♏
1978		♓
1979	(20:12)	♌
1980		♐
1981		♈
1982	(03:09)	♍
1983		♑
1984	(15:14)	♊
1985		♎
1986	(17:03)	♓
1987	(01:31)	♋
1988		♏
1989	(11:41)	♈
1990		♌
1991	(22:10)	♑
1992		♉
1993		♍
1994		♒
1995		♊
1996	(10:46)	♏
1997		♓
1998	(08:25)	♌
1999	(03:18)	♐
2000		♈
2001	(05:58)	♍
2002		♑
2003	(23:45)	♊
2004		♎
2005	(19:05)	♓
2006		♋
2007		♏
2008	(08:07)	♈
2009		♌
2010	(05:17)	♑
14.10.		
1920		♏
1921		♓
1922	(17:01)	♌
1923		♐
1924		♉
1925		♍
1926		♑
1927		♊
1928	(12:28)	♏
1929	(08:40)	♓
1930		♋
1931	(10:51)	♐
1932		♈
1933		♌
1934	(07:04)	♑
1935		♉
1936		♎
1937		♒
1938	(20:31)	♋
1939		♏
1940	(10:50)	♈
1941	(09:29)	♌
1942		♐
1943	(08:26)	♉
1944		♍
1945		♑
1946		♊
1947		♎
1948		♓
1949		♋
1950	(10:44)	♐
1951		♈
1952	(10:51)	♍
1953	(05:51)	♑
1954		♉
1955	(04:13)	♎
1956		♒
1957	(21:54)	♋
1958		♏
1959	(21:20)	♈
1960		♌
1961		♐
1962	(05:43)	♉
1963		♍
1964	(13:15)	♒
1965		♊
1966	(20:21)	♏
1967		♓
1968		♋
1969	(12:33)	♐
1970		♈
1971	(17:16)	♍
1972		♑
1973		♉
1974	(01:11)	♎
1975		♒
1976	(13:24)	♋
1977		♏
1978	(16:06)	♈
1979		♌
1980		♐
1981	(05:43)	♉
1982		♍
1983	(17:00)	♒
1984		♊
1985	(20:13)	♏
1986		♓
1987		♋
1988	(08:58)	♐
1989		♈
1990	(08:21)	♍
1991		♑
1992		♉
1993	(01:47)	♎
1994		♒
1995	(19:20)	♋
1996		♏
1997	(16:25)	♈
1998		♌
1999		♐
2000	(03:06)	♉
2001		♍
2002	(01:51)	♒
2003		♊
2004	(19:10)	♏
2005		♓
2006	(19:38)	♌
2007	(19:58)	♐
2008		♈
2009	(08:45)	♍
2010		♑
15.10.		
1920	(08:30)	♐
1921	(03:34)	♈
1922		♌
1923	(06:43)	♑
1924		♉
1925	(22:57)	♎
1926	(08:02)	♒
1927	(21:50)	♋
1928		♏
1929		♓
1930	(21:19)	♌
1931		♐
1932	(08:24)	♉
1933	(04:24)	♍
1934		♑
1935	(02:17)	♊
1936		♎
1937	(23:03)	♓

Geburtsdatum/ Mondzeichen			*Geburtsdatum/ Mondzeichen*			*Geburtsdatum/ Mondzeichen*			*Geburtsdatum/ Mondzeichen*		
1938		♋	1995		♋	1960	(03:40)	♍	1925		♎
1939	(19:36)	♐	1996	(17:07)	♐	1961		♑	1926	(10:30)	♓
1940		♈	1997		♈	1962	(05:50)	♊	1927		♋
1941		♌	1998	(17:32)	♍	1963		♎	1928	(00:44)	♐
1942	(09:13)	♑	1999	(16:04)	♑	1964	(23:33)	♓	1929		♈
1943		♉	2000		♉	1965	(02:27)	♋	1930	(23:26)	♍
1944	(06:55)	♎	2001	(06:26)	♎	1966	(21:59)	♐	1931		♑
1945	(04:07)	♒	2002		♒	1967	(09:58)	♈	1932	(21:03)	♊
1946	(22:23)	♋	2003		♊	1968		♌	1933	(11:07)	♎
1947	(00:45)	♏	2004		♏	1969	(15:35)	♑	1934		♒
1948		♓	2005	(20:39)	♈	1970		♉	1935	(07:21)	♋
1949	(20:35)	♌	2006		♌	1971		♍	1936		♏
1950		♐	2007		♐	1972	(04:51)	♒	1937		♓
1951	(18:37)	♉	2008	(10:31)	♉	1973		♊	1938		♌
1952		♍	2009		♍	1974	(03:23)	♏	1939		♐
1953		♑	2010	(15:24)	♒	1975		♓	1940		♉
1954	(00:10)	♊	**16.10.**			1976	(22:49)	♌	1941		♍
1955		♎	1920		♐	1977		♐	1942	(12:01)	♒
1956	(07:25)	♓	1921		♈	1978	(20:22)	♉	1943		♊
1957		♋	1922	(20:04)	♍	1979	(08:51)	♍	1944	(19:03)	♏
1958	(15:09)	♐	1923		♑	1980		♑	1945	(09:34)	♓
1959		♈	1924	(04:23)	♊	1981	(05:41)	♊	1946		♋
1960		♌	1925		♎	1982		♎	1947	(07:53)	♐
1961	(12:24)	♑	1926		♒	1983		♒	1948		♈
1962		♉	1927		♋	1984	(01:00)	♋	1949		♌
1963	(15:24)	♎	1928		♏	1985	(20:05)	♐	1950		♑
1964		♒	1929	(17:02)	♈	1986		♈	1951		♉
1965		♊	1930		♌	1987		♌	1952		♎
1966		♏	1931	(14:18)	♑	1988	(16:45)	♑	1953		♒
1967		♓	1932		♉	1989		♉	1954	(01:50)	♋
1968	(09:08)	♌	1933		♍	1990	(16:27)	♎	1955		♏
1969		♐	1934	(10:32)	♒	1991	(11:04)	♒	1956	(17:35)	♈
1970	(12:00)	♉	1935		♊	1992		♊	1957	(02:59)	♌
1971		♍	1936	(03:47)	♏	1993	(01:01)	♏	1958	(17:23)	♑
1972		♑	1937		♓	1994		♓	1959	(07:40)	♉
1973	(02:09)	♊	1938	(23:19)	♌	1995		♋	1960		♍
1974		♎	1939		♐	1996		♐	1961	(16:37)	♒
1975	(12:40)	♓	1940	(23:49)	♉	1997	(16:16)	♉	1962		♊
1976		♋	1941	(16:36)	♍	1998		♍	1963		♎
1977	(16:27)	♐	1942		♑	1999		♑	1964		♓
1978		♈	1943	(13:07)	♊	2000	(07:19)	♊	1965		♋
1979		♌	1944		♎	2001		♎	1966		♐
1980	(07:37)	♑	1945		♒	2002	(12:07)	♓	1967		♈
1981		♉	1946		♋	2003	(12:41)	♋	1968	(17:59)	♍
1982	(07:22)	♎	1947		♏	2004	(21:58)	♐	1969		♑
1983		♒	1948	(02:36)	♈	2005		♈	1970	(14:43)	♊
1984		♊	1949		♌	2006		♌	1971	(05:47)	♎
1985		♏	1950	(11:55)	♑	2007		♐	1972		♒
1986	(23:13)	♈	1951		♉	2008		♉	1973	(04:28)	♋
1987	(13:34)	♌	1952	(22:44)	♎	2009	(11:29)	♎	1974		♏
1988		♐	1953	(12:34)	♒	2010		♒	1975		♓
1989	(10:52)	♉	1954		♊	**17.10.**			1976		♌
1990		♍	1955	(12:23)	♏	1920	(20:16)	♑	1977	(17:51)	♑
1991		♑	1956		♓	1921	(13:08)	♉	1978		♉
1992	(01:08)	♊	1957		♋	1922		♍	1979		♍
1993		♎	1958		♐	1923	(11:29)	♒	1980	(15:54)	♒
1994	(00:18)	♓	1959		♈	1924		♊	1981		♊

Geburtsdatum/ Mondzeichen		
1982	(13:20)	♏
1983	(05:41)	♓
1984		♋
1985		♐
1986		♈
1987		♌
1988		♑
1989	(10:19)	♊
1990		♎
1991		♒
1992	(07:36)	♋
1993		♏
1994	(09:56)	♈
1995	(07:46)	♌
1996	(21:37)	♑
1997		♉
1998		♍
1999		♑
2000		♊
2001	(07:02)	♏
2002		♓
2003		♋
2004		♐
2005	(23:04)	♉
2006	(07:16)	♍
2007	(08:03)	♑
2008	(11:25)	♊
2009		♎
2010		♒
18.10.		
1920		♑
1921		♉
1922	(20:43)	♎
1923		♒
1924	(16:48)	♋
1925	(06:12)	♏
1926		♓
1927	(04:07)	♌
1928		♐
1929	(22:29)	♉
1930		♍
1931	(21:39)	♒
1932		♊
1933		♎
1934	(13:10)	♓
1935		♋
1936	(16:38)	♐
1937	(03:33)	♈
1938		♌
1939	(02:22)	♑
1940		♉
1941	(19:54)	♎
1942		♒
1943	(21:28)	♋
1944		♏
1945		♓
1946	(01:35)	♌
1947		♐
1948	(13:54)	♉
1949	(00:42)	♍
1950	(15:27)	♒
1951	(03:22)	♊
1952		♎
1953	(15:55)	♓
1954		♋
1955	(23:07)	♐
1956		♈
1957		♌
1958		♑
1959		♉
1960	(12:32)	♎
1961		♒
1962	(09:05)	♋
1963	(02:53)	♏
1964		♓
1965	(05:51)	♌
1966		♐
1967	(22:41)	♉
1968		♍
1969	(18:21)	♒
1970		♊
1971		♎
1972	(12:12)	♓
1973		♋
1974	(08:14)	♐
1975	(01:20)	♈
1976		♌
1977		♑
1978		♉
1979	(21:44)	♎
1980		♒
1981	(06:52)	♋
1982		♏
1983		♓
1984	(07:41)	♌
1985	(21:35)	♑
1986	(07:35)	♉
1987	(02:06)	♍
1988	(22:05)	♒
1989		♊
1990		♎
1991	(22:53)	♓
1992		♋
1993	(01:23)	♐
1994		♈
1995		♌
1996		♑
1997	(17:26)	♊
1998	(05:02)	♎
1999	(04:17)	♒
2000	(10:37)	♋
2001		♏
2002		♓
2003	(23:41)	♌
2004		♐
2005		♉
2006		♍
2007		♑
2008		♊
2009	(15:22)	♏
2010	(03:52)	♓
19.10.		
1920		♑
1921	(20:21)	♊
1922		♎
1923	(19:43)	♓
1924		♋
1925		♏
1926	(10:56)	♈
1927		♌
1928	(13:50)	♑
1929		♉
1930		♍
1931		♒
1932		♊
1933	(14:28)	♏
1934		♓
1935	(16:35)	♌
1936		♐
1937		♈
1938	(02:09)	♍
1939		♑
1940	(11:59)	♊
1941		♎
1942	(16:05)	♓
1943		♋
1944		♏
1945	(11:09)	♈
1946		♌
1947	(18:14)	♑
1948		♉
1949		♍
1950		♒
1951		♊
1952	(08:10)	♏
1953		♓
1954	(06:41)	♌
1955		♐
1956		♈
1957	(05:24)	♍
1958	(23:04)	♒
1959	(19:40)	♊
1960		♎
1961	(19:10)	♓
1962		♋
1963		♏
1964	(06:05)	♈
1965		♌
1966	(02:55)	♑
1967		♉
1968	(23:05)	♎
1969		♒
1970	(20:59)	♋
1971	(18:31)	♏
1972		♓
1973	(07:25)	♌
1974		♐
1975		♈
1976	(04:25)	♍
1977	(20:36)	♒
1978	(03:05)	♊
1979		♎
1980	(20:31)	♓
1981		♋
1982	(22:02)	♐
1983	(17:18)	♈
1984		♌
1985		♑
1986		♉
1987		♍
1988		♒
1989	(12:09)	♋
1990	(02:24)	♏
1991		♓
1992	(12:01)	♌
1993		♐
1994	(21:34)	♉
1995	(18:11)	♍
1996		♑
1997		♊
1998		♎
1999		♒
2000		♋
2001	(09:47)	♐
2002	(00:13)	♈
2003		♌
2004	(00:07)	♑
2005		♉
2006	(20:19)	♎
2007	(17:52)	♒
2008	(12:40)	♋
2009		♏
2010		♓
20.10.		
1920	(08:52)	♒
1921		♊
1922	(20:26)	♏
1923		♓
1924		♋
1925	(11:11)	♐
1926		♈
1927	(13:43)	♍
1928		♑
1929		♉
1930	(00:43)	♎
1931		♒
1932	(09:26)	♋
1933		♏

Geburtsdatum/ Mondzeichen			Geburtsdatum/ Mondzeichen			Geburtsdatum/ Mondzeichen			Geburtsdatum/ Mondzeichen		
1934	(15:28)	♈	1991		♓	1956		♉	1921	(01:32)	♋
1935		♌	1992		♌	1957	(06:03)	♎	1922	(21:05)	♐
1936		♐	1993	(04:42)	♑	1958		♒	1923	(06:33)	♈
1937	(05:09)	♉	1994		♉	1959		♊	1924		♌
1938		♍	1995		♍	1960		♏	1925	(14:57)	♑
1939	(12:40)	♒	1996	(00:51)	♒	1961	(20:36)	♈	1926		♉
1940		♊	1997	(21:45)	♋	1962		♌	1927		♍
1941	(20:25)	♏	1998	(17:36)	♏	1963		♐	1928	(01:33)	♒
1942		♓	1999	(13:33)	♓	1964	(09:24)	♉	1929		♊
1943		♋	2000	(13:42)	♌	1965		♍	1930	(02:32)	♏
1944	(05:50)	♐	2001		♐	1966	(11:41)	♒	1931		♓
1945		♈	2002		♈	1967	(11:38)	♊	1932	(19:57)	♌
1946	(06:35)	♍	2003		♌	1968		♎	1933		♐
1947		♑	2004		♑	1969		♓	1934	(18:34)	♉
1948	(23:14)	♊	2005	(03:44)	♊	1970		♋	1935	(04:44)	♍
1949	(01:48)	♎	2006		♎	1971		♏	1936		♑
1950	(21:53)	♓	2007		♒	1972		♈	1937	(05:40)	♊
1951	(14:42)	♋	2008		♋	1973	(11:19)	♍	1938		♎
1952		♏	2009	(21:49)	♐	1974		♑	1939		♒
1953	(16:27)	♈	2010	(16:23)	♈	1975		♉	1940		♋
1954		♌	**21.10.**			1976	(06:26)	♎	1941	(20:00)	♐
1955		♐	1920		♒	1977		♒	1942		♈
1956	(01:07)	♉	1921		♊	1978	(12:52)	♋	1943		♌
1957		♍	1922		♏	1979	(09:02)	♏	1944	(14:48)	♑
1958		♒	1923		♓	1980	(21:43)	♈	1945		♉
1959		♊	1924	(05:21)	♌	1981		♌	1946	(13:33)	♎
1960	(18:06)	♏	1925		♐	1982		♐	1947	(06:39)	♒
1961		♓	1926	(11:01)	♉	1983		♈	1948		♊
1962	(16:30)	♌	1927		♍	1984		♍	1949	(01:18)	♏
1963	(15:32)	♐	1928		♑	1985	(01:54)	♒	1950		♓
1964		♈	1929	(01:54)	♊	1986		♊	1951		♋
1965	(08:13)	♍	1930		♎	1987		♎	1952		♐
1966		♑	1931	(08:32)	♓	1988	(00:58)	♓	1953	(15:47)	♉
1967		♉	1932		♋	1989	(17:47)	♌	1954		♍
1968		♎	1933	(15:54)	♐	1990	(14:09)	♐	1955		♑
1969	(21:26)	♓	1934		♈	1991	(07:33)	♈	1956	(06:28)	♊
1970		♋	1935		♌	1992	(14:27)	♍	1957		♎
1971		♏	1936	(04:37)	♑	1993		♑	1958	(08:19)	♓
1972	(15:22)	♈	1937		♉	1994		♉	1959	(08:22)	♋
1973		♌	1938	(05:43)	♎	1995		♍	1960	(21:16)	♐
1974	(16:44)	♑	1939		♒	1996		♒	1961		♈
1975	(13:43)	♉	1940	(22:18)	♋	1997		♋	1962		♌
1976		♍	1941		♏	1998		♏	1963		♐
1977		♒	1942	(21:37)	♈	1999		♓	1964		♉
1978		♊	1943	(09:12)	♌	2000		♌	1965	(10:21)	♎
1979		♎	1944		♐	2001	(16:11)	♑	1966		♒
1980		♓	1945	(10:30)	♉	2002	(12:57)	♉	1967		♊
1981	(10:34)	♌	1946		♍	2003	(07:01)	♍	1968	(01:05)	♏
1982		♐	1947		♑	2004	(02:38)	♒	1969		♓
1983		♈	1948		♊	2005		♊	1970	(07:12)	♌
1984	(10:56)	♍	1949		♎	2006		♎	1971	(06:31)	♐
1985		♑	1950		♓	2007		♒	1972	(15:37)	♉
1986	(18:15)	♊	1951		♋	2008	(15:35)	♌	1973		♍
1987	(12:50)	♎	1952	(15:12)	♐	2009		♐	1974		♑
1988		♒	1953		♈	2010		♈	1975		♉
1989		♋	1954	(14:44)	♍	**22.10.**			1976		♎
1990		♏	1955	(11:52)	♑	1920	(19:57)	♓	1977	(01:26)	♓

Geburtsdatum/ Mondzeichen			*Geburtsdatum/ Mondzeichen*			*Geburtsdatum/ Mondzeichen*			*Geburtsdatum/ Mondzeichen*		
1978		♋	1924	(15:33)	♍	1962	(03:31)	♍	2000		♍
1979		♏	1925		♑	1963	(04:21)	♑	2001		♑
1980		♈	1926	(12:50)	♊	1964	(11:03)	♊	2002		♉
1981	(17:05)	♍	1927	(01:28)	♎	1965		♎	2003	(10:27)	♎
1982	(09:38)	♑	1928		♒	1966	(23:20)	♓	2004	(06:13)	♓
1983	(02:47)	♉	1929	(04:24)	♋	1967	(23:27)	♋	2005		♋
1984	(11:32)	♎	1930		♏	1968		♏	2006		♏
1985		♒	1931	(21:21)	♈	1969	(01:17)	♈	2007		♓
1986		♊	1932		♌	1970		♌	2008	(20:40)	♍
1987	(20:42)	♏	1933	(17:13)	♑	1971		♐	2009	(07:39)	♑
1988		♓	1934		♉	1972		♉	2010	(03:29)	♉
1989		♌	1935		♍	1973	(16:28)	♎	**24.10.**		
1990		♐	1936	(14:00)	♒	1974	(04:20)	♒	1921	(05:08)	♌
1991		♈	1937		♊	1975	(00:51)	♊	1922		♐
1992		♍	1938	(11:00)	♏	1976	(06:17)	♏	1923	(18:48)	♉
1993	(11:49)	♒	1939	(01:05)	♓	1977		♓	1926		♊
1994	(10:28)	♊	1940		♋	1978		♋	1927		♎
1995	(01:15)	♎	1941		♐	1979	(18:09)	♐	1930	(06:23)	♐
1996	(03:22)	♓	1942		♈	1980	(20:55)	♉	1931		♈
1997		♋	1943	(22:09)	♍	1981		♍	1934	(23:58)	♊
1998		♏	1944		♑	1982		♑	1935	(17:31)	♎
1999	(18:42)	♈	1945	(09:49)	♊	1983		♉	1938		♏
2000	(16:52)	♍	1946		♎	1984		♎	1939		♓
2001		♑	1947		♒	1985	(09:27)	♓	1942	(04:52)	♉
2002		♉	1948	(06:21)	♋	1986	(06:37)	♋	1943		♍
2003		♍	1949		♏	1987		♏	1946	(22:41)	♏
2004		♒	1950	(06:59)	♈	1988	(01:59)	♈	1947	(18:45)	♓
2005	(11:41)	♋	1951	(03:25)	♌	1989		♌	1950		♈
2006	(08:54)	♏	1952	(20:28)	♑	1990		♐	1951		♌
2007	(00:02)	♓	1953		♉	1991	(12:55)	♉	1955	(00:33)	♒
2008		♌	1954		♍	1992	(15:39)	♎	1959	(20:03)	♌
2009		♐	1955		♑	1993		♒	1963		♑
2010		♈	1956		♊	1994		♊	1967		♋
23.10.			1957	(06:31)	♏	1995		♎	1971	(17:05)	♑
1920		♓	1958		♓	1996		♓	1975		♊
1921		♋	1959		♋	1997	(06:10)	♌	1979		♐
1922		♐	1960		♐	1998	(06:16)	♐	1983	(10:10)	♊
1923		♈	1961	(22:07)	♉	1999		♈	1987		♏

umgehend bearbeitet, manche verlangen allerdings eine Gebühr. Telefonisch erhalten Sie wegen des Datenschutzes nur selten Auskunft.

Im nachfolgenden Abschnitt wird beschrieben, wie Sie den Aszendenten schnell feststellen können. Dank eines völlig neuen Verfahrens ist dies erstmals ohne komplizierte Berechnungen und absolut zuverlässig möglich.

Wie ist der Aszendent zu deuten? Vereinfacht gesagt, gibt der Aszendent Auskunft darüber, wer wir sind, während das Sonnenzeichen beschreibt, wie wir uns verhalten. Wenn wir den Menschen mit einem Auto vergleichen, dann würde der Aszendent uns verraten, um was für ein Gefährt es sich handelt, während das Tierkreiszeichen – also die Position der Sonne – uns Aufschluß darüber gibt, wie es behandelt und gefahren wird. Dies zeigt auch schon, daß die oft gestellte Frage, was denn nun wichtiger sei, der Aszendent oder das Tierkreiszeichen, im Grunde unsinnig ist. Handeln (Sonne) setzt Körperlichkeit (Aszendent) voraus. Eine Veranlagung (Aszendent), die nicht gelebt wird (Sonne), ist bedeutungslos.

Körperlichkeit

Wie können Sie nun Näheres zur Interpretation Ihres Aszendenten erfahren? Hier gibt es mehrere Wege. Der einfachste ist natürlich, sich ein spezielles Buch zu diesem Thema zu besorgen und unter dem entsprechenden Kapitel nachzuschlagen. Vielleicht kennen Sie auch jemanden, der sich intensiver mit Astrologie beschäftigt und Ihnen persönlich Auskünfte über die Bedeutung Ihres Aszendenten und Ihres Sonnenzeichens geben kann. Falls Sie ein Tierkreiszeichen-Buch (zum Beispiel aus dieser Reihe) Ihres Aszendenten-Zeichens besitzen,

Wie Sie mehr über Ihr Horoskop erfahren können

Der Unterschied zwischen dem, was ein Buch über Tierkreiszeichen an individueller Deutung leisten kann, und der Interpretation Ihres persönlichen Horoskops ist wesentlich größer als der zwischen einem Anzug von der Stange und einem maßgefertigten Kleidungsstück.

Wenn Sie mehr darüber erfahren wollen, was die Gestirne über Ihr individuelles Schicksal aussagen, benötigen Sie zunächst einmal ein genau berechnetes Horoskop. Wer einen Computer hat oder jemanden kennt, der einen besitzt, hat es leicht: Es gibt eine Vielzahl von Astrologieprogrammen, die für jeden Geschmack und jeden Geldbeutel etwas bieten. Wenn Sie bereits einen Horoskopausdruck haben, können Sie sich mit Hilfe astrologischer Lehrbücher an eine genauere Interpretation herantasten. Es existieren außerdem Astrologieschulen, die Sie in der Horoskopdeutung unterrichten können. Schließlich gibt es Firmen, die Horoskopberechnungen und Computerdeutungen anbieten.

Astrologieprogramme

Leider ist auch in der Astrologie nicht alles Gold, was glänzt. Neben seriösen Astrologen, die Ihnen eine echte Lebenshilfe geben können, tummeln sich auf dem Gebiet auch viele Scharlatane. Das gleiche gilt sinngemäß natürlich für Bücher, Computerprogramme und Deutungen.

Vorsicht vor Scharlatanen

Wenn Sie in dieser Hinsicht Hilfestellung und unverbindliche Informationen wünschen, können Sie sich gern direkt an den Autor wenden. Die Adresse finden Sie auf Seite 8.

Bitte legen Sie einen adressierten DIN-A4-Umschlag und DM 5,– in Briefmarken bei, und verwenden Sie das *Stichwort »Astro-Info«.* Sie erhalten dann eine umfangreiche Liste mit unseren persönlichen Empfehlungen zu allen Bereichen der Astrologie. Ihre Adresse wird von uns nicht gespeichert und auch nicht an andere weitergegeben.

Wenn Sie eine schriftliche Horoskopdeutung nach der Methode des Autors möchten, ohne daß Sie sich selbst mit Computerberechnungen auseinandersetzen müssen, können Sie hierzu kostenlos und unverbindlich Informationsmaterial unter der Adresse des Autors anfordern *(Stichwort »Querverbindungen«).*

Die Deutung und Bedeutung des Aszendenten

Wie bereits im Einleitungskapitel dargestellt, besteht ein Horoskop aus vielen verschiedenen Deutungselementen, von denen das Tierkreiszeichen zwar das bekannteste, aber eben nur eines von vielen ist. Das Tierkreiszeichen eines Menschen ist wie gesagt nichts anderes als die Position der Sonne im Tierkreis (= Zodiakus) zum Zeitpunkt der Geburt. Da unser Kalender ebenfalls mit dem Sonnenlauf – von der Erde aus gesehen – korrespondiert, läßt sich anhand des Geburtsdatums recht genau bestimmen, welches Tierkreiszeichen zu einem gehört. Dies ist sicherlich der Hauptgrund, warum die Sonnenzeichen so populär wurden.

Sonnenzeichen

Der wohl wichtigste Einzelfaktor für ein wirklich persönliches Horoskop ist aber der Aszendent. Der Begriff kommt von dem lateinischen Wort *ascendere,* was soviel wie »aufsteigen« bedeutet. Mit dem Aszendenten ist der Abschnitt des Zodiakus gemeint, der im Augenblick der Geburt in östlicher Richtung am Horizont aufgeht. Der Aszendent ist außerdem identisch mi der Spitze – also dem Anfang – des ersten Hau ses. Da der Aszendent etwa alle vier Minut seine Position ändert, müssen Geburtsort u die genaue Geburtszeit bekannt sein, um bestimmen zu können. Wenn Sie Ihre Geb zeit kennen, steht der Berechnung des A denten nichts im Wege. Falls sie Ihnen bekannt ist, können Sie sie wie gesag Standesamt Ihres Geburtsortes erfahr den meisten Standesämtern wird eine che Anfrage mit frankiertem Rück können Sie auch das lesen und dabei im Hinterkopf behalten, daß es sich hier weniger um Ihr tatsächliches Verhalten, sondern um Ihre Charakteranlagen handelt. Da sich allerdings unsere Anlagen und unser Verhalten ständig wechselseitig beeinflussen, erzielen Sie schon gute Ergebnisse, wenn Sie sich selbst einfach als eine »Mischung« beider Zeichen betrachten.

Charakteranlagen

Falls Sie feststellen sollten, daß bei Ihnen Sonne und Aszendent im gleichen Tierkreiszeichen stehen, müssen Sie natürlich kein weiteres Buch zu Rate ziehen. Für Sie sollten dann die in diesem Band gemachten Aussagen in besonderem Maße zutreffen.

Die Bestimmung des Aszendenten

Die Verwendung der nachfolgenden Aszendentengrafik ist denkbar einfach: Die Skala am linken Rand (C) gibt das Datum an, die Skala am rechten Rand (A) die Uhrzeit. Markieren Sie Ihr Geburtsdatum und Ihre Geburtszeit, nehmen Sie ein Lineal und verbinden Sie beides mit einem Strich – fertig! Das Tierkreiszeichen (B) in der Mitte der Grafik, das von Ihrer Linie gekreuzt wird, ist Ihr Aszendent.

Wichtige Hinweise: Die Grafik bezieht sich auf mitteleuropäische Zeit. Falls bei Ihrer Geburt die Sommerzeit galt, müssen Sie eine Stunde abziehen. Eine Sommerzeitentabelle finden Sie im Anhang dieses Buches. Die Aszendentengrafik funktioniert nur dann, wenn Sie in Deutschland geboren sind. Ohne eine wirklich genaue Geburtszeitangabe ist kein zuverlässiges Ergebnis zu erzielen.

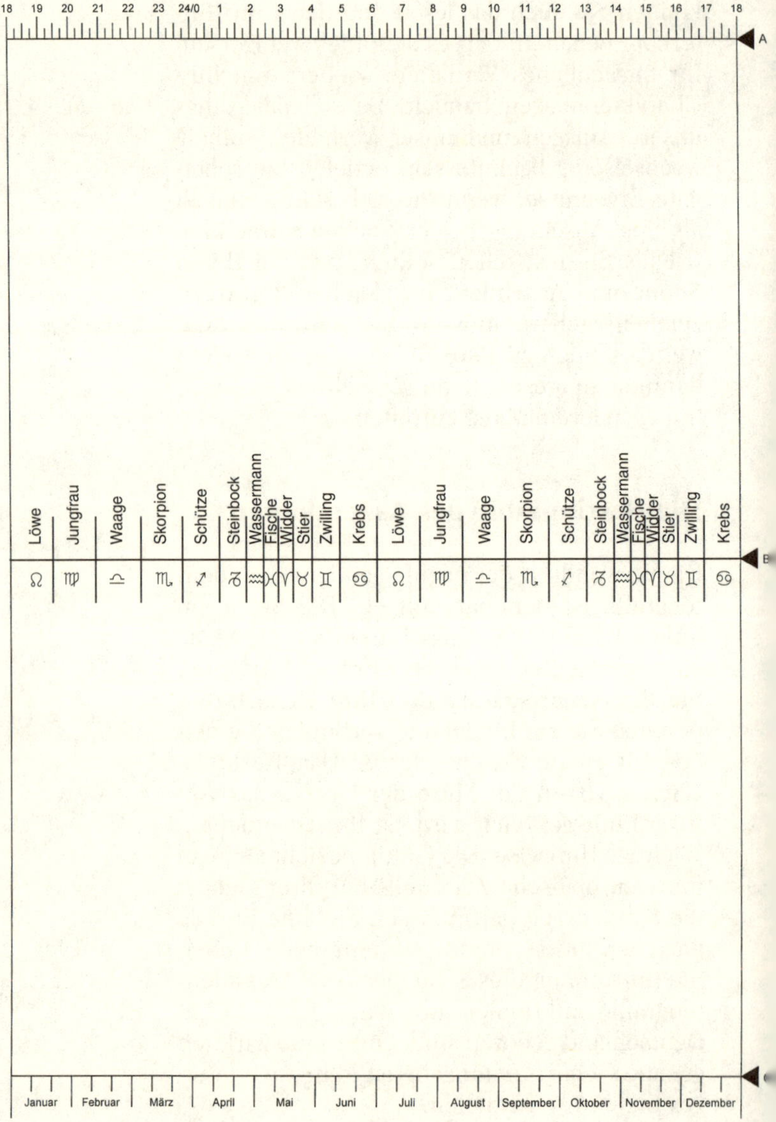
18 19 20 21 22 23 24/0 1 2 3 4 5 6 7 8 9 10 11 12 13 14 15 16 17 18
A
Löwe
Jungfrau
Waage
Skorpion
Schütze
Steinbock
Wassermann
Fische
Widder
Stier
Zwilling
Krebs
Löwe
Jungfrau
Waage
Skorpion
Schütze
Steinbock
Wassermann
Fische
Widder
Stier
Zwilling
Krebs
B
Januar
Februar
März
April
Mai
Juni
Juli
August
September
Oktober
November
Dezember

MÄRCHEN DER DICHTER